팀장으로 산다는 건 2

진짜 대한민국 팀장의 전반전, 시작부터 안착까지

{ 팀장으로 산다는 건 2 }

김진영 **팀장** 지음

나의 첫 번째 팀장님,
고(故) 이남준 사장님 영전에 이 책을 올립니다.

박정국
현대자동차 연구개발본부 본부장(사장)

전편 '팀장으로 산다는 건'을 읽고 현업 팀장에게 실질적인 도움이 될 것 같아서 팀장 전원에게 배포했습니다. 이번 2편은 전편에 이은 팀장의 전반부 이야기이며, 현장의 경험을 생생한 목소리로 담아냈기에 역시 좋은 인사이트를 많이 얻어갈 수 있을 거로 생각합니다. 다른 팀장의 삶에 공감하면서 자기 행동을 돌아보는 계기가 되고, 한편으로는 위로를 받을 수도 있을 것입니다. 팀장의 조직관리에 실질적인 도움이 되도록, 늘 고민하는 저자의 노력에 고마움을 표하고 싶습니다.

변연배 경영학 박사
우아한청년들 부사장/쿠팡 부사장/모토롤라 아시아태평양지역 인사담당임원

조직의 성과를 결정하는 대표적인 요소로서 조직문화와 사업 전략을 들수가 있다. 하지만 이 모든 것의 중심에는 실행이라는 전제가 있다. 계획Plan이 없는 실행Execution은 악몽이지만 실행이 없는 계획은 백일몽이라는 이야기가 있다. 조직문화가 어떻든, 전략이 어떠하든 실행이 되지 않는다면 의미가 없다. 이를 실행하는 주체는 사람이다. 회사의 경영진이 사업의 방향을 결정한다면 일선의 실행 인력을 지휘하는 것은 중간 관리자인 팀장이다. 팀장의 성과가 곧 팀의 성과이고, 조직의 성과가 된다. 이 책에는 현장에서 직접 팀장 역할을 체험한 저자의 인사이트가 생생하게 담겨있다.

문성후 경영학 박사
올댓러닝 대표

회사의 모든 성과는 팀에서 나옵니다. 그래서 팀장은 회사의 코어입니다. 이 책은 '미들 업 다운middle-up-down'의 정수를 알려주고 있습니다. 팀장이 되고 싶거나, 팀장이 되었거나, 지금 팀장으로 있다면 무조건 이 책을 곁에 두십시오. 당신은 성공한 팀장이 될 것입니다.

김영석
삼성전자 파트장

지금까지 많은 리더십 책을 읽어봤지만, 제가 겪는 현실의 괴리감은 늘 아쉬움으로 남았습니다. 그런데 '팀장으로 산다는 건' 1권은 달랐습니다. 팀장이 겪고 있는 현실과 바로 적용할 수 있는 대안이 담겨 있어서 큰 도움이 되었습니다. 더불어 하소연할 수 없는 답답한 마음에 큰 위로까지 받았습니다. 2권은 더욱 놀랍습니다. 절대 공감했던 부분이 "실패를 예정하며 시작되는 혁신 활동"입니다. 무슨 말인지 느낌이 오시는 분이라면 이 책을 읽어야 합니다. 앞으로는 성공적인 혁신으로 나아가야 하니까요. 1권을 읽고 주위 리더들에게 한 권씩 사줬는데, 2권은 상사께 드릴 예정입니다.

이성기
한국콜마 HR DT TF팀장

팀원으로 일하다 준비되지 못한 상태에서 팀장이 된 분이 많이 있었습니다. 팀원을 어떻게 맞이해야 하는지, 무엇을 피드백해야 하고 팀을 어느 방향으로 운영해야 하는지 모른 체 말입니다. 팀 실적이 좋지 않거나, 관계에 문제가 생기면 모두 본인의 탓이라 생각하고 자책했습니다. 이러한 고민을 함께하고자 사내 팀장님들과 전편 〈팀장으로 산다는 건〉을 읽기 시작했습니다. 책을 통해, 그리고 저자를 직접 만나 얘기하면서 무겁게만 느껴졌던 팀장의 역할이 기대와 희망으로 변화하는 것을 함께 경험하였습니다.

2권은 처음부터 완벽하지 않아도 팀을 만들어 갈 수 있다는 믿음과 다양한 시도와 경험을 통해 진짜 리더로 안착해가는 실제 모습을 보여줍니다. 특히 교과서에 나오는 이야기가 아닌 실제 상황의 예시가 가득합니다. 이를 통해 온전한 리더가 되고 또 하나의 리더를 세우는 귀한 경험을 함께 읽은 독자분들도 할 수 있을 것이라 기대하며 추천합니다.

신형준
야마하뮤직 코리아 악기영업그룹 팀장

직장생활을 오래 하게 되면 머릿속에서 오만 가지 생각이 든다. 이왕 이리된 거 프로페셔널 직장인 되기로 마음은 먹지만, 문제는 아무도 방법을 알려주지 않는다는 것. 이때 우연히 읽게 된 책이 〈팀장으로 산다는 건〉이었다. 공감 능력이 직장인에게 필수 불가결한 항목이 된 요즘, 김진영 작가의 직접 경험은 프로를 꿈꾸는 직장인에게 중요한 인사이트가 될 것이다. 그래서 후속작이 더욱 기대된다.

팀장의 시작부러,
안착, 발전까지 전반기를 말하다

"도대체 제가 왜 이렇게 힘든 거죠?"

전편 〈팀장으로 산다는 건〉 출간 이후 많은 팀장님을 만났습니다. 안타
깝게도 팀장이 된 지 몇 년 됐는데 아직 갈팡질팡하고 있다고 했습니다. 본
인은 최선을 다하는데 팀원과 상사와 불편한 갈등은 계속된다고 걱정했습
니다. 그래서 팀장의 전반전을 다루는 책을 다시 쓰기 시작했습니다.

"제가 지금 팀장이 아니라 '선배 팀원'처럼 일하는 건 아닐까요?"

대부분 팀장은 '일 잘하고', '연차가 오래된', '관계가 나쁘지 않은' 팀원 출
신이었습니다. 전체적으로 평균 이상의 능력을 갖추고 있었으며, 팀장 자
리에 오르는 것에 별다른 반대는 없었습니다. 다만, 이런 평가와 인식이 '첫
번째 리더'로서 역할을 수행하는 것과는 크게 상관 없다는 것이 바로 신임
팀장이 대면한 진실입니다. 새로운 역할 인식과 리더십 확립에 쏟아 부어
야 할 팀장의 전반전 시간이 안타깝게 흘러갑니다.

이 책은 세 가지 부분으로 구성했습니다. PART 1 '팀장으로 시작한다는

건'에서는 팀장이 되기 직전부터 초기 단계에서 역할 인식과 리더십의 기본 원칙, 그리고 마인드셋을 다룹니다. PART 2 '팀장으로 안착한다는 건'에서는 팀장의 실무에 대해 다룹니다. 일의 지시, 커뮤니케이션 등이 주된 내용입니다. PART 3 '팀장으로 발전한다는 건'에서는 리더십 성장에 대해 조직과 개인 차원에서 기술했습니다.

〈팀장으로 산다는 건 2〉의 내용은 거칠지만 생생합니다. 생생하고 재밌습니다. 재미있고 쓸모가 있습니다. 현장에서 길어 올린, 생생한 팀장 스토리가 가득 담겨 있기 때문입니다. 이제부터 진짜 대한민국 팀장의 전반부를 다룰, 두 번째 이야기를 시작하겠습니다. 승진을 앞둔 팀원부터 초보 팀장, 그리고 선임 팀장까지, 많은 직장인이 이 책을 보면서 팀장의 삶에 공감하고 위로와 인사이트를 얻는다면 제게는 크나큰 보람이겠습니다.

부족한 저를 이끌어 두 번째 출간까지 나서게 해 주신 주님께 먼저 감사 말씀을 올립니다. 자식을 위해 새벽을 밝히시는 부모님과 장모님, 주말과 여가까지 저술에 허락해준 가족에게 고마움을 전합니다. 아울러 1편이 출간된 이후 많은 독자님과 팀장님께서 보내주신 공감과 성원의 말씀 늘 감사히 기억하겠습니다.

오늘도 분투하고 계신 팀장님의 건승과 건강을 기원합니다.

2022. 6 팀장 김진영

CONTENTS

PART 2
팀장으로 안착한다는 건

PART 3

팀장으로 발전한다는 건

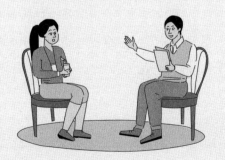

리더십을 바라보는 실전의 관점
현업 팀장의 눈으로 일, 사람, 조직을 다시 보다

"아… 인사 부서 출신이… 아니셨어요?"

리더십 강의나 코칭과 관련해서 얘기를 나눕니다. 제 소개를 하면 여러분께서 놀라십니다. 맞습니다. 저는 인사 실무자 출신이 아닙니다. 대학원에서 경영학을 전공했지만, 인사 수업은 '조직행동론' 한 과목 수강한 게 다였습니다. (경영지원팀장으로 일 년 남짓 인사 업무를 총괄했던 경험은 있습니다.)

전편 〈팀장으로 산다는 건〉을 쓸 때 사실 고민이 많았습니다. '내가 인사 출신 저자들보다 나은 글을 쓸 수 있을까?', '인사 전공자들보다 나은 대안을 제시할 수 있을까?' 이후 리더를 만날 때마다 곰곰히 생각했습니다. 제가 내린 결론은 이론보다 경험에서 얻은 스토리를 앞세우는 것이었습니다. 그런 생각에서 출발하여 다섯가지 관점으로 리더십을 말해보려고 합니다.

하나, HR(인사, Human Resources) 말고, 현업팀장 입장에 선다.

현업팀장의 최우선 관심은 일이 되게끔 하는 겁니다. 리더십 역시 그것에 도움이 돼야 의미가 있다고 봅니다. 당위적이고 뻔한 이론을 차용한 부분은 대부분 걷어 냈습니다. 나머지에 제가 직접 경험한 내용을 넣거나, 관련 스토리를 주변에서 구해 구성했습니다.

둘, 리더 개인뿐만 아니라 조직의 차원에서 본다.

코칭을 진행하면서 팀장이 겪는 고민 중 절반 이상이 조직 때문임을 알게 됐습니다. 이런 현실을 무시하고 '팀장아~ 너만 잘하면 된다', '좋은 팀을 만들면 다 잘된다'는 식으로 얘기를 풀고 싶지 않았습니다. 전체 관점에서 조직은 조직이 할 일을 하고, 개인은 개인이 할 일을 해야 한다고 생각했습니다.

셋, 팀장의 한계를 명확히 인식한다.

팀장의 능력과 자원엔 한계가 있습니다. 팀원 모두를 다 데려갈 수 없습니다. 모든 일을 완벽하게 처리하는 것도 어렵습니다. 특히 인사상 심각한 문제는 전문가인 인사 부서가 맡아줘야 할 일이라고 봅니다. 또한 다른 관점에서 보면 보편적이지 않다고 할 만한 내용도 있을 겁니다. 만일, 그 방안이 효과가 있다면 정석이 될 수 있습니다. 마치 사람이 자주 걸어가는 곳이 길이 되는 것처럼 말입니다. '할 수 없는 것'에 대한 정확한 인식이 필요합니다. 팀장은 슈퍼맨이 아닙니다.

넷, 경영진을 향해서 한마디 한다.

지는 강의에 앞서 사전 설문을 진행합니다(고객사가 반대하지 않는 한). 거기엔 분명 경영진에게 요구하는 사항을 묻는 문항이 있고, 이를 교안에 녹여 넣습니다. 귀가 열린 경영진이라면 알아차렸을 겁니다. 앞으로 강의나 코칭에도 이런 관점을 견지하려고 합니다.

다섯, 리더십은 회사에만 머무르지 않는다.

회사에서 리더십 교육에 적잖은 예산과 시간을 쏟아붓지만, 리더의 수준은 잘 오르지 않는다고 합니다. 혹시 그들은 리더십에 대해 '또 하나의 일'로 생각하고 있지는 않은지 묻고 싶습니다. 리더십은 넓게 봐서 '인생'과 맞물려 얘기해야 한다고 봅니다. 특히 자녀 양육과 팀원 육성은 아주 긴밀한 관련이 있지요. 팀장 이후의 커리어와 관련 있음을 함께 언급해야 합니다. 승진, 이직, 창업… 이를 위해서라도 지금 있는 자리에서 리더십이 중요합니다. (이 부분은 3편을 통해 자세히 전할 예정입니다.)

PART 1

팀장으로
시작한다는 건

내일의 팀장이
오늘 반드시 해야 할 일

"김진영 씨? ○○○○입니다. 축하드립니다. 입사 전형에 최종 합격하셨습니다."

이틀 전 면접 본 회사에서 통보 전화가 왔습니다. 그때 저는 무척이나 초조하고 불안한 상황이었어요. 안정적으로 다니던 공기업에서 유명 벤처로 신나게 이직했다 닷컴 버블이 터지면서 난생처음 실직을 경험했었거든요. 짧은 순간이었지만 다시금 행복한 마음이 들었습니다. 딱, 첫 출근하기 전까지 말이죠.

사장님은 처음 듣는 말씀을 하셨습니다.

"진영 씨, 우선 입사를 축하합니다. 그런데, 우리가 새로운 팀을 꾸리기로 했어요. 진영 씨가 팀장을 맡아 줬으면 좋겠고, 곧 두 명 팀원을 새로 뽑아줄게요."

'팀장이라… 입사 전형이나 면접 볼 때는 없던 말이었는데…'

아무 준비 없이 팀장 자리에 앉게 된 얼마 후, 새로 뽑은 팀원 모두에게 사표를 받는 상황을 맞게 됐습니다. 그때를 생각하면 지금도 머리칼이 쭈뼛하고 섭니다.

팀장 하라는 언질을 받다

인간이라면 누구나 '인정'과 '발전'에 욕구가 있습니다. 회사에서 그것은 '승진'과 '급여 인상'으로 표현되지요. 팀원으로 어느 정도 성취를 하고, 근속연수가 높은 축에 드는 사람은 팀장 승진을 예상할 것입니다. 회사 역시

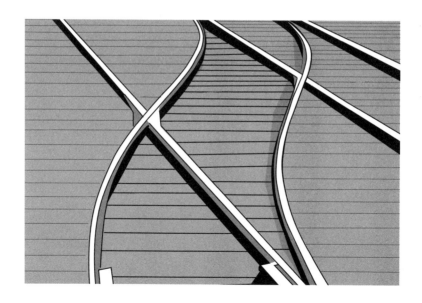

그런 사람을 팀장 후보로 생각하기 마련이고요.

그러다 공석이 발생하는 경우 당신이 승진할 거란 통보를 받게 됩니다. 우쭐한 기분이 듭니다. 그간의 노력에 대한 보상인가 하여 자랑스럽게 여길 만도 하죠. 그렇게 자신감이 넘치다 못해 강한 자기 확신이 생깁니다. 비극의 씨앗이 잉태되는 거지요.

일 관점에서 '팀원'의 길과 '팀장'의 길은 너무나 다릅니다. 팀원은 자기가 맡은 일을 잘하면 그만이죠. 뛰어난 팀원은 잘하던 일을 좀 더 잘하면 됩니다. 하지만 팀장은 지금껏 안 해봤던 일(관리)을 새로 해야 하거든요. 마치 A 트랙을 쭉 달려왔던 열차가 기차역에서 새로운 B 트랙으로 차선을 변경하는 것과 같습니다. 문제는 이제까지 달려온 관성을 갖고 있다는 것입니다. A 트랙을 달리던 기억이 편하고 익숙합니다. 사실, 관리의 영역은 눈에 잘 보이지 않습니다. 그렇기에 과거처럼 실무를 직접 처리해서 또다시 인정받고 싶은 마음을 버리지 못한 상태일 수 있습니다.

새로운 스타트라인에 서다

공식 발령이 나진 않았지만, 언질을 받았다는 것은 바로 준비에 착수해야 한다는 것을 의미합니다. 다만, 인사발령 전까지는 조직 내 보안이 필요할 수 있고, 팀 내 동요가 있을 수 있기에 팀원과 소통보다 상사와 소통이 선행될 시기입니다.

첫째, 말을 전해준 상사(대부분 현재 팀장 또는 임원)**에게 다음을 물어야 합니다.**

- 내가 승진하게 된 이유가 무엇인가? 성과? 근속연수? 리더십 수준?

- 현재 해당 팀의 문제점은 뭐라고 생각하는가?

- 팀장이 된 후 나에게 바라는 것은 무엇인가?

- 향후 내가 가용할 수 있는 자원은 무엇이고, 그 한계는 어디까지인가?

제대로 된 상사라면 이런 물음에 쉽게 대답할 수 있을 겁니다. 하지만 실제 상황에서 그렇지 못할 확률이 높습니다. 경험상 팀장이 되기 전에 역할에 대한 교육이나 자세한 설명을 들은 사람은 30%가 되지 않습니다. 결국 리더십을 모르는 상사가 준비 안 된 팀장을 낳는 꼴입니다. 위의 질문 중 해당 팀의 현재 문제점에 대해서만큼 꼭 들어 보시길 권해 드립니다.

똑 부러진 답을 얻지 못했다면 본인이 그 답을 찾아 나서야 합니다. 우선 정보가 많은 인사부서나 기획부서 사람에게 조언을 구해 봅니다. 이런 활동은 팀장으로 시작하기 위한 발버둥이지만 타 부서 사람에겐 좋은 첫인상을 줄 수 있습니다. 사내에 마땅한 사람이 없다면 팀장을 경험해본 선배를 찾아보는 것도 방법입니다.

둘째, 상하 인간관계에 새로운 인식을 세팅합니다.

실무자 시절에는 대부분 회사와 경영진에 대해 다소 부정적인 생각을 품게 되는 것이 인지상정입니다. 이제 곧 팀장이 되는 자신도 그들 중 하나였지요. 이제 본인마저 그 대상의 일부가 된다는 것을 수용해야 합니다.

팀장이 되기까지 팀원들과 경쟁자로 포지셔닝을 했을 수 있습니다. 이점은 팀장이 되기 전에 반드시 버려야 할 관성 중의 하나입니다. 이제는 '지원자'가 되는 역할을 인식하고 연습해봅니다.

셋째, 시간을 관리하는 방법을 고려해야 합니다.

지금부터는 본인뿐만 아니라 남(팀원)들이 일하도록 하는 데 필요한 효과적인 시간 관리법까지 생각해야 합니다. 처음 권한을 갖게 되는 자리가 팀장이지만, 현실에선 '시간' 말고는 별다른 자원이 없는 상황이기 때문입니다.

약점을 돌아볼 때가 되다

팀장이 된다는 것은 분명 본인에게 강점이 있었기 때문입니다. 그 강점이 개인 성과로 이어졌던 것이죠. 경영계에는 '강점을 더 강하게 하라'는 명언이 있습니다. 실무자일 경우에는 이 말은 100% 타당합니다. 하지만 팀원의 강점은 더 이상 팀장의 강점이 아닐 수 있음을 깨달아야 합니다.

직책을 맡으면서 올라갈수록 완전히 새로운 일의 비중이 커집니다. 따라서 기존과는 다른 강점이 요구되는 것입니다. 과거의 강점보다 현재의 약점에 주목해야 하는 이유입니다. 즉, 강점을 강화하는 데 도움이 되는 약점을 빠르게 보충해야 합니다. 리더의 여정이란 어쩌면 강점을 끊임없이 강화하고, 개발하는 과정이라고 할 수 있겠습니다.

TIP

깨달음으로 이끄는 질문: 팀장이 되고 나서 상사(임원)와 관계 설정은 어떻게 해야 할까요?

'팀장 리더십'에서 흔히 간과되는 부분이 바로 상사와 관계입니다. 직접 체험한 경험과 간접 경험까지 더해봐도 결론은 '상사 = 운빨'이라는 것입니다. 내 노력 밖의 영역입니다. 그렇다고 손을 놓고 있을 순 없습니다. 리더로서 내 운명에 너무나 큰 영향력을 행사하는 사람이기 때문입니다.

극단적인 예시입니다만, 상사와 관계가 좋지만, 팀원과 관계가 나쁜 팀장이 있다고 하죠. 반대로 상사와 나쁘지만, 팀원과는 좋은 팀장이 있다고 하고요. 다른 요인은 모두 동일하다고 한다면 어느 팀장이 조직에서 더 오래갈 수 있을까요? 경험상 전자입니다. 팀장이 된다는 것은 회사의 공식 라인의 일부가 됐다는 것입니다. 올곧은 상사라면 회사의 방향과 본인의 리더십의 정렬을 확실하게 추구할 것입니다. 팀장 역시 그 방향에 맞추고 일부가 돼야 합니다. '팀장 리더십'은 조직이 바라는 성과를 달성하는 데 작용해야 의미를 가질 수 있습니다. 자주 대면할 기회를 만들어 그(녀)의 생각을 파악하는 것이 시작입니다.

함께 보면 좋아요: 〈팀장으로 산다는 건〉 '열심히 하면 팀장이 되는 줄 알았다' `19p`, '리더가 될 사람은 따로 있다' `24p`

신임 팀장에게 던지는,
단 하나의 질문

이제 다음 달이면 팀장으로 승진합니다. 팀원으로 일할 때 좋은 평가를 받았고, 열심히 살았습니다. 주위에선 축하의 메시지가 당도합니다. 기분은 좋은 데 갑자기 두려움이 다가오네요. 당장 어떤 일을 해야 할지 누가 알려주면 좋으련만, 인사팀에 물어보니 리더십 교육은 서너 달 후에나 잡혀 있다고 합니다. 어떤 것부터 시작해야 할까요?

아마도 사람을 만나야겠다고 생각할 공산이 큽니다. 나를 임명해준 임원을 만나 저간의 사정을 들어보고, 팀원들과 현재 이슈에 대해 대화하며 상황 파악하고 싶겠죠. 무척 중요한 사항이지만 우선순위를 따져보면 이것보다 먼저 해야 할 것이 따로 있습니다.

차분히 앉아 물음 하나를 떠올려 봅니다. '나는 왜 팀으로 일하는가'입니다. 지금까지 팀원으로 일해왔고, 이제 곧 팀장이 되는데 새삼스레 이런 자문을 해야 하는지 궁금하실 겁니다. 팀장으로 성공하는 데 이 질문 하나가 처음부터 끝까지 관통하기 때문이니 각별히 집중해주시기를 바랍니다.

팀으로 일하는 이유

근대 기업의 모습을 보이기 시작했던 150여 년 전의 미국에선 지금 같은 '사업부', '부서', '팀' 같은 기업의 하위 조직이 뚜렷이 구분되지 않았습니다. 그때는 사장이 재무 책임자, 영업 책임자, 생산 책임자 등의 역할을 동시에 맡았습니다(특히 제조기업에서). 지금처럼 사업이 복잡하지 않았으며 직원 수가 많지 않았습니다. 이는 생산성이 높지 않았기 때문에 소수의 경영진이 전체를 감당할 수 있는 당시 상황도 영향을 줬습니다. 그러다가 프레데릭 테일러 Frederick W. Taylor의 '과학적 관리법'이 출현합니다.

그의 관리법이 나오기 전까지는 공장에서 생산성 향상은 투입자원, 즉 노동자의 수를 늘리거나 노동자의 업무 강도를 높이는 강압 방식으로 이뤄졌던 게 일반적이었습니다. 당시 경영자는 노동자의 '일' 자체에 관심이 크지 않았습니다. 장시간 노동, 아동 노동이 비일비재했습니다. 반대로 노동자들이 태업에 나설 때 정확한 근거를 가지고 설득할 수 없는 시절이었습니다.

테일러의 과학적 관리법은 우선 작업을 과업 단위로 분류하여 과업 수행에 적합한 노동자를 적절히 배치합니다. 과업을 효율적으로 처리할 수 있도록 시간연구와 동작연구를 진행했는데 여기에서 수단이 되는 것이 매뉴얼입니다. 노동자가 아닌 일 자체를 표준화하여 시간당 산출량을 예상할 수 있도록 했습니다(사실 지금의 9to5 근무제가 여기서 기인했죠).

관리법 도입의 결과는 생산성 급증으로 나타났습니다. 생산성이 높아졌기 때문에 매출이 늘어나고 관리 포인트가 많아졌습니다. 규모를 키워 자본을 축적한 기업들은 점차 사업 다각화를 생각합니다. 복잡화된 사업 구조에 따라 드디어 현대 '사업부제'가 1920년대에 등장합니다. 1929년 촉발된 대공황의 여파로 잠시 위축되나 싶었지만 결국 현대 기업의 보편적인 조직 형태가 되고 결국엔 하위 '부서제'로 확산합니다.

조금 돌아왔습니다만, 회사에서 영업부, 마케팅부, 기획조정부, 재무부, 생산부, 기술연구부 등으로 구분을 두고, 부문별 묶음으로 일하게 된 역사 배경에는 분명 이유가 있다는 것입니다. 즉, 조직으로 일하는 것이 보다 효율적이라는 판단이 깔려 있습니다. 그래서 당신이 팀에서 일했던 것이고요, 이제 그 수장이 되려고 합니다. 만약 이런 근본 이유에 배치되는 행태를 보인다면 당신은 '근본 없는' 팀장이 될지 모릅니다.

최악의 팀장은 누구인가

여러분이 경험한 상사(팀장) 중 최악이라면 어떤 사람이 떠오르나요? 대략 이런 사람이 아닐까 싶습니다.

- 자기 기분대로 소리치는 상사

- 책임을 지지 않고 팀원의 공을 가로채는 상사

- 두려움을 모티베이션의 수단으로 사용하는 상사

- 팀원의 의견을 경청하지 않고 자기 고집을 부리는 상사

- 늘 마이크로 매니징하는 상사

- 비현실적 기대 수준을 가지고 강요하는 상사

'인성이 나쁜 사람', '떠올리기 싫은 사람', '나에게 모욕감을 준 사람' 등으로 회상되는 이 상사의 특징을 꿰뚫는 공통점 하나가 있습니다. 바로 '팀이 팀Team으로 일Work하지 못하게 만드는 상사'라는 것입니다. 팀으로 일하는 그 이유, 즉 팀워크를 불능 상태로 만드는 사람입니다. 그런데 수긍이 되다가도 한 가지 의문이 듭니다.

"예전 상사들은 대부분 이런 유형의 상사였는데 성과 내고 임원까지 됐었는데요?"

리더십은 시대와 함께 간다

예전 한국 기업의 전략은 '빠른 추격자fast follower'였습니다. 우리에겐 따라잡아야 할 선진국 기업들이 있었습니다.

"예전에 기계 개발할 때 아무 기술이 없었잖아. 요즘처럼 인터넷이 있는 것도 아니고 막막하더라고. 그래서 일본 기술자를 스카우트하려고 했는데 누가 후진국에 오겠어. 그냥 일본 기계 다섯 대를 수입해 왔지. 몇 달을 기계에 매달려 해체하고 다시 조립하고를 반복했어. 분해한 부품하고 비슷하게 깎고 조여서 프로토타입을 만들었지. 그렇게 하다 보니 작동되는 놈이 나오더라고. 그렇게 시작했어."

기계업종에서 근무했던 지인이 들려준 옛날 기술 개발의 에피소드입니다. 그때 우리의 목표는 명확했지요, 거기까지 남들보다 빠르게, 돈을 덜 쓰면서 올라가면 되는 구조였습니다. 다시 말해 '효율'이 한국 기업의 최고의 선^{善}이었죠. 그러다 보니 리더가 방향을 정해 깃발 들고 나서면 일사불란하게 따르는 것이 요구됐습니다. 카리스마 리더십이 진짜 긴요했던 시대였던 거죠.

하지만 지금은 시대가 변했습니다. 이제 우리 기업 중 상당수는 세계 최고 수준입니다. 목표했던 고지에 올라섰지요. 우리의 과거 경쟁사는 옆에 있거나 역사의 뒤안길로 사라지고 말았습니다. 성취의 기쁨도 잠시, 눈앞에 쫓아갈 다음 목표가 보이지 않습니다. 이제는 우리가 직접 만들어야 합니다. 과거의 '효율'은 점차 중요성이 떨어지고 있으며, 리더십 역시 변화를 경험하게 됐습니다.

과거 리더는 '답'을 갖고 있었습니다. 세상이 복잡하지 않았고, 공개되지 않았던 고급 정보는 리더에게 모여들었기 때문입니다. 하지만 지금은 리더가 답을 모르는 경우가 점차 많아지고 있습니다. 팀 워킹이 필요한 진짜 이유가 됩니다. 실로 혼자 답을 찾을 수 없는 시대가 됐습니다. 함께 고민해 나가며 답을 '만들어' 가야 합니다.

어떤 질문으로 시작할 것인가

팀장으로 성공하고 싶다면 '나는 왜 팀으로 일하는가', '팀으로 일하는 데 나는 어떻게 기여할 것인가', '기여를 통해 무엇을 성취할 것인가' 이 세 가지 질문을 항상 염두에 두면서 시작하면 큰 패착은 없을 것입니다. 지금 당장 해야 할 일을 구상하는 것이 중요하지만 이 같은 질문을 던져보고 마음속의 기준으로 삼을 것을 강력히 추천해 드립니다. 팀장이 된 지금은 당신 인생의 중요한 변곡점이 될 것입니다. 기존의 관성에서 벗어나야 하고, 새로운 목표를 설정해야 하지요. 달라진 우리나라 기업과 같이 말입니다.

지금껏 바쁘게 살아온 당신은 자신을 돌아보고 다짐할 갈림길에 서 있습니다. 이 순간을 잘 보내야 제대로 된 길로 접어들 수 있을 겁니다. 쓰러져도 훌훌 털고 일어설 수 있겠지요. 힘들고 어려울 때마다 기술적인 how-to는 바로 써먹을 수 있는 묘책 같지만 머나먼 리더십 여정에서 중심을 잡게 붙잡는 것은 이 질문 세 가지입니다.

깨달음으로 이끄는 질문: 팀장과 임원의 역할 중 차이가 가장 큰 것은 무엇인가요?

시중에 나온 리더십 관련 도서나 교육 과정 일부는 팀장 역할의 하나로 '목표 설정'을 담고 있습니다. 이는 한국과 미국의 '팀' 조직 간의 상이함을 간과한 데서 생긴 오해가 아닌가 싶습니다. 미국의 경우 한국보다 조직의 유연성이 높습니다. 팀이 생겼다 없어졌다가 빈번할 뿐만 아니라 임원이 팀장 역할을 담당하곤 합니다. 미국의 팀은 대개 역할 중심의 가변 조직인 반면, 한국의 팀은 기능 중심의 고정 조직입니다. 조직의 상하 위계질서가 다른 구조이지요. 게다가 우리 팀제는 과거 부서제의 특성을 상당수 가지고 있는 게 현실입니다. 목표를 확정하는 사람은 임원이며, 팀은 그 실행을 맡는 게 일반적입니다.

따라서 목표보다 큰 폭의 실적을 이뤘다면, 마냥 축하할 일이 아니라 임원의 '목표 세팅 능력'에 대해 검증해야 합니다. 예측 능력이 떨어졌다면 임원으로서 능력이 크게 부족하다고 봐야 하며, 예상했으나 속였다면 그 자리에 있을 자격이 없는 것이지요.

함께 보면 좋아요: 〈팀장으로 산다는 건〉 '리더가 될 사람은 따로 있다' `24p`, '이제 나보고 꼰대라 한다' `170p`

그라운드 룰 수립이
초기 성공을 결정한다

일반적으로 의학의 두 축은 예방의학과 치료의학입니다. 건강할 때 면역력과 체력을 길러 질병에 대비하면서, 발병 시엔 병증이 있는 부위에 직접적인 조치를 하는 것인데요. 이는 신임 팀장 상황과 유사함이 있지 않나 생각합니다.

"팀장으로 부임한 지 일 년이 넘었는데, 아직도 뭐가 뭔지 모르겠고, 팀원들과 불화가 심합니다."

"그냥 해보라는 식 같습니다. 전임 팀장이 퇴사하는 바람에 팀장이 돼서 도움되는 조언을 받지 못한 상태였어요."

"이미 몇 개월이 흘러서 어디서부터 문제를 풀어야 할지 모르겠습니다."

팀장의 길에 접어드는 와중에 시행착오를 겪으며 일과 사람으로 어려움을 겪는 초보 팀장의 목소리입니다. 리더십에 있어 예방과 치료라는 단어가 100% 적합해 보이진 않아도, 사전 준비와 사후 대응이라는 측면에서 살펴볼 수 있겠습니다.

리더가 될 사람을 준비시키자

예방 접종이 권장되는 것처럼 리더가 되기 전에 대비 과정이 반드시 있어야 합니다. 우선 회사에 적합한 '리더 상(像)'을 정립해야 합니다. 이는 선발, 육성, 퇴출 등의 기준이 됩니다. 리더가 될 만한 후보군을 추려내는 데 가장 중요한 판단 기준은 리더상과 얼마나 부합하는가 입니다. 단순히 인사 평가 결과나 연공서열로 뽑아서는 안 됩니다. (《팀장으로 산다는 건》 '리더가 될 사람은 따로 있고' 편 참고) 만약 적합한 사람이 없다면 과감하게 외부 영입까지 고려해야 합니다.

후보군을 세팅했으면, 다양한 방식으로 리더십 형성을 지원합니다. 일반적으로 떠올리는 리더십 교육이 있고요, 선배 팀장과 간담회, 외부 전문 코치와 상담 같은 프로그램을 제공하면 효과적입니다. 후보군의 숫자가 좀 된다면 후보자들 간의 미팅 기회를 만들어 연대감을 형성하는 것이 중요합니다. 리더의 고민 중 상당수는 사실, 혼자만 이런 고민하나, 나만 이렇게 힘든가 하는 외로움과 고립감에서 오는 것입니다. 각자 본인의 상황에 대한 진지한 공유가 오간다면 서로에게 든든한 동료가 될 수 있을 것입니다.

전사적으로 후보군을 홍보할 필요가 있습니다. 사람들은 제도나 정책이 진행되는 현상으로 회사를 인지합니다. 우리 회사가 이처럼 리더에 대해 중요하게 생각하며, 리더십 형성을 위해 노력하고 있음을 분명히 알려야 합니다. 그래야 단순히 '연차가 높으면, 성과를 잘 내면 누구나, 당연하게 리더가 될 수 있다'는 인식을 불식시킬 수 있습니다.

다시 처음으로 돌아간다

불행히 위와 같은 준비 과정을 실행 중인 회사는 흔치 않습니다. 누구나 알 만한 대기업 중에서도 팀장(파트장) 임명 전에 리더십 교육이 전무한 곳도 많더군요. 그런 상황에서 덜컥 팀장이 되고, 우왕좌왕하다가 상하좌우 불편한 상황이 전개되고 맙니다. 안타깝게도 제가 교육에서 만난 상당수 팀장님은 이미 작은 실패를 많이 경험해서 낙심하고 지친 상태였습니다. 그래서 위와 같이 저에게 호소했던 것입니다. 그들에게 어떤 조언을 할 수 있을까요?

앞서 언급한 것처럼 화상회의 시 비디오를 켜지 않으려는 팀원 때문에 고민이라는 팀장님의 말씀을 들은 적이 있습니다. 아마도 코로나 이후에 원격 근무라는 새로운 여건에서 업무를 시작할 때 제대로 '기본 규칙Ground rule'을 만들어 두지 않아서 일어난 일이었을 겁니다. 이렇게 조언해 드렸습니다.

"우선 기본 규칙을 만들지 않는 것은 리더의 책임입니다. 솔직하게 잘못을 인정하시고, 다시 규칙을 정립하셔야 할 겁니다."

어느 정도 시간이 지난 후에 다시 원칙을 세우기란 만만찮은 일입니다. 아마도 첫 단계에서 진행할 때보다 몇 배는 더 수고가 들겠지요. 아울러 문제를 인식했을 바로 그때가 마지막 기회일 수 있음을 알아야 합니다. 결국,

팀장이 된 바로 그 시점으로 돌아가서 다시 시작해야 합니다.

신임 팀장이 맞이하는 초기 상황

팀장이 되고 나면 대략 3개월을 초기 착륙 국면이라고 합니다. 이 시기를 시작기, 갈등기, 형성기로 나눌 수 있는데요. 물론 기존에 팀원으로 근무했던 팀의 팀장이 된 경우라면 기간이 상대적으로 짧아지기도 합니다.

시작기에는 새로 선임된 팀장과 팀원 간에 데면데면한 분위기가 깔리게 됩니다. 팀장, 팀원 모두 자신이 인정되고 받아들여지길 원하는 욕구와 거부당하면 어쩌나 하는 두려움 같은 마음을 갖게 됩니다. 서로 탐색전을 벌이는 때입니다. 팀장 입장에선 자기 생각을 정리해서 바로 팀원들과 만나야 합니다. 상사의 기대 수준 파악이 중요하듯, 팀원의 기대 수준 역시 중요합니다. 위아래 기대 수준이 방향을 맞춰 잘 정렬돼야 힘 있게 일을 추진할 수 있을 테니까요.

주요한 대화 주제는 현재 업무 상황 및 후속 내용, 팀원의 업무 역량, 자기 계발, 요구 및 건의 사항, 애로 사항 등입니다. 아울러 팀장은 조직과 직속 상사의 의도를 잘 전달하는 역할까지 수행해야 합니다.

갈등기에는 서로 파악한 사항에 대해 의견을 맞춰가는 단계입니다. 갈등하면 무조건 부정적인 생각을 하는 리더가 있는 것 같습니다. 하지만 가치관이 다른 사람끼리 조율하는 것 자체가 갈등이고 싸움입니다. 그런 현상 자체보다 어떻게 하면 합의된 모습으로 나갈 수 있을지 고민해야 합니다. 갈등 과정을 통해 팀장이 정립하려는 기본 원칙의 수립을 먼저 진행하는 것이 바람직합니다. 왜냐면 이 기본 원칙은 팀 운용과 팀원의 활동에 있

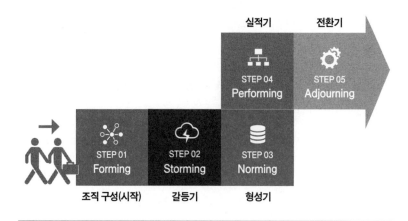

신임팀장의 적응 단계

어서 기준으로 작용할 것이기 때문입니다.

형성기는 혼란스러운 사항들이 정리되는 시기입니다. 기본 룰이 완성되고, 인식이 확산되는 단계지요. 하지만 팀원 중에는 팀장을 인정하지 않는 사람이 남아 있게 됩니다. 특히나 원칙에 반대하는 사람을 중점적으로 설득할 필요가 있습니다. 사람은 입이 있어서 바람직하지 않은 생각을 팀 내에 전파하려고 합니다. 조직을 형성하는 초기인 만큼 걸러내야 할 사람을 선정하는 작업 역시 고려돼야 합니다. 그렇기에 임명이 확실시되는 시점에서 이 사항을 직속 상사와 협의하여 권한을 받아두는 것이 좋습니다. 새로 부임해서 팀원에 대한 퇴사나 부서 이동 등의 판단을 결행하기가 쉽지 않은 것도 사실입니다. 하지만 그 기회는 시간이 가면 갈수록 더 멀어질 수밖에 없다는 것을 꼭 알아주시기를 바랍니다.

기본 원칙 수립의 원칙

첫째, 누구나 이해하기 쉽고, 자세하게 만듭니다.

이미 회사에는 미션, 비전, 가치 등으로 구성된 가치체계나 경영이념 등이 있을 겁니다. 하지만 이것들이 먼 나라 이야기처럼 느껴지는 것은 구체적으로 피부에 와닿지 않아서입니다. 벙벙한 소리가 아니라 처음 들어도 누구나 알아듣게 만들어야 합니다. 쓸데없는 추측과 자의적인 판단이 낄 틈이 없어야 좋은 원칙입니다.

- 회의는 한 시간 이내로 진행한다. 시간을 초과할 경우 다른 날에 다시 한다.

- 아침 인사는 먼저 보는 사람이 큰소리로 한다.

- 오전 10~11시, 오후 2~4시는 집중 근무 시간으로 회의나 호출을 하지 않는다.

둘째, 회사의 운영 원칙과 잘 정렬돼야 합니다.

우리 팀의 특수성을 고려하되, 조직이 추구하는 방향과 배치되지 않고,

직속 상사의 전략적 의중을 잘 반영할 필요가 있습니다. 팀이 존재하는 이유는 결국 팀이 소속된 조직이 잘 되게 하려는 것이니까요.

- (신규 서비스 개발이 중요한 회사의 경우) 매일 신규 아이디어 하나씩 발표한다.
- (자율적인 분위기가 강조되는 회사의 경우) 의견은 어느 것이나 존중돼야 합니다. 섣불리 비판하지 말고 의견을 우선 경청합니다.
- (빠른 현장 대응이 필요한 회사의 경우) 선 대응, 후 보고! 책임은 팀장에게!

셋째, 달라진 환경은 원칙을 바꾸기도 한다.

최근의 원격 근무와 유연해진 출퇴근 제도가 최근 사례가 될 것입니다. 대면하는 방식이 달라졌는데, 대부분의 조직에서는 예전 일하는 방식을 고수하려고 하거나 새로운 방식을 조기에 수립하지 못했습니다.

- 화상회의는 '30분 회의 - 15분 휴식'을 한 세트로 한다. 진척도 같은 현황 자료는 ERP(전사적자원관리) 시스템이나 PMS(프로젝트관리시스템)에서 확인하고 들어온다.
- 매주 금요일 9시부터 15분 동안 잡담 토크 시간을 갖는다. 일 말고 개인 사항을 말한다.
- 미팅의 주제는 일상적인 활동 보고를 지양하고 이슈 사항 위주로 선정한다.

TIP

깨달음으로 이끄는 질문: 그라운드 룰은 '일하는 방식'에 대한 약속 같습니다. 추가할 내용이 있을까요?

그라운드 룰 수립을 생각할 때 '역량'을 고려해야 한다고 봅니다. 뜬금없는 얘기 같지만 살펴볼 필요가 있습니다. 역량은 '지식', '기술', '태도'의 3요소로 구성됩니다. 일반적으로 지식과 기술의 우열은 비교적 규명하기 쉽습니다. 시험을 보고, 그간의 실적을 검토하면 됩니다. 이슈가 되는 것은 바로 '태도'입니다. 객관화하기 힘들기에 평가자와 피평가자의 주관이 부딪쳐서 결정을 둘러싼 수용도가 낮기 마련이지요. 연말 성과 평가 시에 팀장을 괴롭히는 문제이기도 합니다.

태도는 일하는 자세를 말합니다. 피터 드러커는 '조직의 흥망은 평범한 직원을 데리고 비범한 것을 만들 수 있냐에 달려 있다.'라고 했습니다.

설사 지식과 기술 수준이 중간이라도 올바른 태도를 갖고 있다면 성취할 수 있다는 말이 됩니다. 따라서 '올바른 태도'를 그라운드 룰에 정의해 두는 것은 나중 역량 평가 결과에 대한 불만을 예방함과 동시에 조직의 역량을 끌어올리는 데 긍정적인 역할을 하게 됩니다.

함께 보면 좋아요: 〈팀장으로 산다는 건〉 '두통의 시작' `12p`

부동산, 주식, 코인의 시대, 직원을 어떻게 동기부여 할 것인가?

"요즘 세대는 직장생활에 대한 충성도가 예전 같지 않은 것 같습니다. 스펙은 전반적으로 상향됐고, 자질이 훌륭한 친구들이 많긴 한데, 진급을 거부하는 직원까지 있습니다. 이런 상황에서 어떻게 동기부여를 할 수 있을까요?"

팀장 리더십 프로그램에서 나온 수강생 질문

상당히 난감한 질문입니다. 그냥 한 회사, 한 리더의 질문이 아니라 시대가 초래한 물음입니다. 단순히 팀장이 마음을 고쳐먹고 팀원을 잘 다독이는 수준에서 해결될 수 없기에 더욱더 그렇습니다.

우리나라는 이제 경제적으로 선진국이 됐습니다. 잠재 성장률은 연간 2% 정도로 추산됩니다. 거칠게 대입하자면 우리 회사는 2% 성장할 것이고, 내 월급도 2% 올라갑니다. 성장이 계속돼야 조직이 커지고, 올라갈 틈이 보일 텐데 말입니다. 기업은 이미 상시화된 구조조정 여파로 최적화 수준으로 운영되는 데다가 높은 성장이 쉽지 않기에 현재 구조가 유지될 공산이 큽니다. 이런 상황에서 젊은 직원이 '이 회사에서 내가 얼마나 갈 수 있을까?'라고 생각하는 게 당연하고 자연스럽습니다. 충성을 끌어내기엔 구조가 예전과는 많이 달라졌습니다.

여기에 부동산 가격 급등이 불을 댕겼습니다. 이제 월급을 받아 내 집 마련한다는 꿈은 요원하게 들립니다. 회사에서 롱런하는 건 옛날얘기처럼 들립니다. 이런 상황은 사무실에서 어렵잖게 느낄 수 있습니다. 오늘도 직원들은 삼삼오오 스마트폰을 보면서 주식과 코인의 등락에 울고 웃습니다. 그 옆을 지나가는 리더의 속은 타들어 가지요. 어느 날에는 사무실이 증권회사 객장인가 싶은 생각마저 듭니다. 옆 팀 박 주임은 입사 3년 만에 퇴사한다고 하네요. 우리 팀원은 괜찮을까요?

월급만으로 미래를 기약할 수 없다

기본적으로 노동 소득에 의지하는 노동자라고 하더라도 '투자 활동'은 꼭 해야 한다고 봅니다. 우리가 사는 사회의 경제체제가 '자본주의'라 그렇지요. 쉽게 말해 돈이 돈을 버는 세상입니다. 따라서 이 세상 최고의 선은 '불로소득'입니다. (도덕적 판단은 제외합니다.) 그래선지 아이들 꿈을 물어보면 '건물주'가 상위를 차지합니다. 엄청난 부를 물려받지 못한다면, 불로소득을 위해 투자 활동해야 합니다. 자본 소득 기대수익률이 노동 소득 기대수익률을 앞서가는 선진국, 대한민국에선 필수가 됐습니다.

불행히도 투자 교육을 제대로 받지 못한 것이 우리나라 사회초년생의 현실입니다. 그러다 그냥 '주식으로 누가 얼마 벌었다', '누가 집 샀다', '코인 떡상했다'라는 분위기에 휩쓸려 투자에 입문하는데요. 그건 그냥 '투기'지요. 자본이 어떻게 돌아가는지 모르고 덤벼들면 만용이 되는 것이고 쉬운 먹잇감이 되고 맙니다.

이상하게 들릴 수 있지만, 직원에게 '경제 분야의 은퇴 교육'을 실시해야 한다고 봅니다. 이는 마치 죽음 체험(임종 체험)을 생전에 해보는 것과 비슷합니다. 실제 이들의 수명은 100세 이상 될 것입니다. 정년이 5년 늘어 65세가 된다 해도 무소득으로 살아야 할 35년이 기다리고 있습니다. 은퇴는 미래의 순간이고, 회사 생활은 은퇴로 가는 과정이기 때문에 은퇴에 대해 생각하게 만든다면 재직 시의 마음가짐이 달라지지 않을까요?

은퇴 교육은 일반적인 재테크 교육과는 내용의 지향점이 다를 것입니다. 커리어가 끝난 후 경제적으로 평안한 노후를 준비하는 과정이라 그렇습니다. 이를 통해 투자 활동이 얼마나 위험성을 내포하는지 알게 되길 희망합니다. 투자는 스마트폰으로 하는 게임이 아닌데 요즘엔 사용자 환경 자체가 놀이처럼 돼 있습니다. 수익이 마이너스여도 스크린에만 표시될 뿐 실제 돈이 없어졌다는 것이 실감 나지 않습니다. 하나 더 강조하고 싶은 포인트는 내가 그 투자에 돈을 넣고 나서는 할 수 있는 게 별로 없다는 것입니다. 등락은 내 노력과는 아무 상관이 없는 것이죠. 사실상 투자 공부를 한다고 해도 성과는 그에 비례한다는 보장이 없습니다. 투자를 업으로 하는 증권회사 직원의 수익률은 어떨까요? 지인 중 금융업계에 종사하는 사람이 여럿이지만 사석에서 물어보면 실제 돈을 많이 번 사람은 몇 없었습니다. 그에 비해 노동 소득은 내 노력에 비례할 가능성이 상대적으로 높습니다.

노동 소득은 투자 활동의 파이프라인 역할을 담당합니다. 투자에서 마이너스가 나도 노동 소득이 공급된다면 일상생활이 가능하며, 다음 투자의 재원을 마련할 수 있습니다. 물론, 투자를 통해 약간의 이익을 본다면 즐겁게 일할 수 있겠지요. 길게 본다면 노동 소득과 자본 소득은 함께 가야 안정적입니다. 노후를 위해서라도 둘은 함께 굴러가야 합니다.

한 가지 더 주목해야 하는 점이 노동의 경험이 누적되어 성숙해진다면 부가적인 가치를 창출하는 '커리어 자본'이 된다는 점입니다. 이는 미래의 노동 소득 확대를 기대할 수 있습니다. 이 같은 사항을 깨닫게 된다면 직원이 일을 바라보는 관점에 분명한 변화가 있을 겁니다. 아울러 투자와 관련한 교육이 시행된다면 자연스레 팀장과 팀원 간의 얘깃거리가 하나 느는 셈이니 소통 증진에도 좋은 효과를 기대할 수 있겠습니다.

'낫다'보다 '있다'와 '없다'로 접근하자

일반적으로 '동기부여'라면 경제적 처우를 떠올리는 분이 많습니다. 돈, 중요하죠. 다만, '그게 전부가 아니다'란 점이 종종 간과되곤 합니다. 직원들이 연봉을 핑계로 퇴사한다며 어려움을 토로하던 사장님께 짧은 위로를 드린 후에 이렇게 말씀드렸습니다.

"사장님 친척, 선후배, 지인 중에 우리가 잘 아는 S 사, L 사, 또는 H 사 다니는 사람이 있을 겁니다. 직장인으로선 최고 수준 급여를 받는 사람일 텐데요, 물어보십시오. 지금 100% 만족하면서 회사에 다니는지 말입니다."

타사보다 돈을 더 줘야 한다고 생각한다면 이론적으론 이 세상에 존재하는 단 하나의 기업만이 직원을 뽑을 수 있을 겁니다. 하지만 사람은 돈으로만 움직이지는 않습니다. 위에 사장님 회사의 퇴직 직원도 급여는 퇴사의 핑계 중 하나였을 걸로 추측합니다. 직원은 대개 회사에서 내가 얻을 수 있는 효용 전체를 놓고 생각합니다. 급여가 낮더라도 배울 만한 상사나 동료가 있다면 견딜 수 있고, 급여가 높더라도 꼰대 같은 상사가 괴롭힌다면 떠나는 것입니다.

저는 젊은 직원을 향한 동기부여에 있어 다른 회사보다 우리 회사가 '좋다', '낫다'라는 '비교'의 관점보다 다른 회사에는 '없는 것이 있고, 있는 것은 없다'라는 접근법을 추천합니다. 비교 대상이 되기보다는 유일한 특성을 가진 회사가 되는 것입니다.

▶ 우리 회사에는 '있다'

- 실력 있는 동료와 함께 일할 기회

- 서로의 발전을 권장하고 독려하는 학습 문화

- 개방적이고 수평적인 의사 결정 구조

- 직급에 크게 차이 없는 근무 자율성 보장

- 최대한의 경영 정보 공개와 사전 설명

▶ 우리 회사에는 '없다'

- 쓸데없이 시간을 잡아먹는 비효율적 회의

- 상사 눈치 보는 야근과 억지 회식

- 재미없는 주말 산행과 휴일을 잡아먹는 체육대회

- 사전에 허락 받고 쓰는 휴가

위에서 예시 든 것들은 큰돈을 들이지 않고, 또는 거의 돈을 들이지 않고도 실행할 수 있습니다. 좋은 회사는 돈을 많이 주는 회사가 아니라 직원들이 소속감, 배려심, 자율성 등을 느끼게 해주는 회사입니다. 결국 '조직 문화'가 이슈입니다. 여기까지 말씀드리면 너무 뜬구름 잡는 얘기가 아니냐고 반문할 수 있습니다. 그렇게 느껴질 수 있습니다. 예를 하나 들겠습니다.

우리나라의 낮은 출생률은 어제오늘 일이 아닙니다. 이렇게 가다가는 몇 십년 후엔 '대한민국'이란 나라 자체가 소멸하지 않을까 걱정까지 됩니다. 그럼 정부는 출생 장려를 위해 무슨 일을 했을까요? 생각보다 많은 일을 했다고 합니다. 2006년부터 15년 동안 무려 225조 원이 넘는 돈을 쏟아부었습니다. 하지만 결과는 세계 최저 수준의 출생률이었습니다. 뭐가 문제였을까요? 결론적으로 돈을 준다고 애를 더 낳지 않습니다. 우리 사회가 애를 낳고 키울 만한 곳이 되어야 합니다. 회사도 마찬가지겠지요. 단순히 연봉이 높다고 직원들이 행복감을 느끼며 오랫동안 재직하는 것은 아닙니다. 회사의 문화 자체가 직원들이 좋아하는 요소를 가지고 있어야 합니다.

팀장은 무얼 할 수 있을까?

앞서 말씀드린 것은 전사적 차원의 이슈이긴 해도 팀 차원에서 해볼 수 있는 일이 많습니다. 아시겠지만 같은 회사 내에서도 팀 간의 분위기는 천차만별입니다.

첫째, 큰 한방보다는 빈도를 생각합니다.

사람의 마음을 얻는 것은 시간이 필요한 일입니다. 짧은 시간 안에 결과를 만들기 원하는 팀장의 조급증은 오히려 장애물로 작용할 가능성이 높습니다. 젊은 팀원들은 어려서부터 늘 관심을 받으며 성장했습니다. 따라서 한두 번 이벤트는 효과가 떨어집니다.

- 월요병이 시작되는 아침에 팀장이 먼저 기분 좋은 인사를 건넵니다.
- 회의 때 좋은 의견을 낸 팀원을 칭찬합니다.
- 프로젝트를 끝낸 팀원에게 감사 편지를 전합니다.
- 나른한 오후에 커피 쿠폰을 쏩니다.

팀원에게 동기부여하는 방법은 생각보다 가까운 데에 있습니다. 자신의 팀원 시절을 떠올려 보길 바랍니다. 상사의 따뜻한 한 마디 위로와 관심을 원하지 않았습니까? 지금 팀원도 크게 다르지 않을 것입니다. 그 기억을 실행에 옮기십시오. 돌을 뚫은 것은 천둥 벼락이 아니라 똑똑 떨어지는 낙숫물입니다.

*동기부여 저는 동기부여 말고 '동기발현'이라고 씁니다. 예전 글을 참고해주세요. 다만, 일반화된 단어라 이 부분에서만 사용했습니다.

둘째, 솔선수범의 자세를 견지합니다.

너무 당연한 말씀인데, 끊임없이 나오는 것은 실제로는 잘 지켜지지 않기 때문일 겁니다. 이해합니다. 100% 완벽할 수는 없겠지요. 중요한 포인트는 솔선수범하지 못했을 경우에 반드시 양해를 구하고, 사과하는 것입니다. 잘못을 인정하는 리더는 못난 리더가 아니라 인간미 나는 원칙적인 리더입니다. 이렇듯 솔선수범은 완결형이 아니라 노력하는 진행형입니다.

셋째, 본인에 대한 팀원의 피드백을 받습니다.

직책을 맡게 되면 점차 주위 사람들의 피드백을 받을 기회가 줄어듭니다. 그도 그럴 것이 작지만 권력이 생기게 되고, 사람들은 그 권력이 자신에게 어떻게 영향을 줄지 생각하며 말과 행동을 신경 쓸 개연성이 높습니다. 이럴 경우 팀장은 의도적으로 팀원의 피드백을 받기 위해 노력해야 합니다. 회의실보다는 카페나 공원에서 솔직한 반응을 청해보시면 어떨까 싶습니다.

TIP

깨달음으로 이끄는 질문: '이런 일이나 하려고 스펙을 쌓은 게 아니다'는 직원에게 어떻게 말해줘야 할까요?

분명 젊은 직원들의 스펙 수준이 높아진 건 사실입니다. 예전에 그룹 연수원에서 신입 공채 이력 내용을 살펴볼 기회가 있었습니다. "지금 같아선 우린 입사 못 했겠어요!" 연수원 담당자와 함께 실소했었죠.

높아진 스펙은 그들의 기대 수준까지 올렸습니다. 하찮은(?) 일은 자기에게 맞지 않는다고 생각합니다. 리더는 스펙의 의미를 확실하게 알려줘야 합니다. 높은 스펙은 그간의 노력과 학습 능력만을 증명해줄 뿐입니다. 역량을 갖추고 있다고 확신할 수 없습니다. 자, 토익 950점 입사자가 있습니다. 이 사람이 영어로 커뮤니케이션을 잘한다고 할 수 있을까요? 같은 한국말을 쓰는 사람 간에도 '아휴~ 저 사람은 도통 무슨 말을 하는지 알 수가 없어!'라는 반응을 듣는 사람이 있지 않나요? 토익 점수는 단지 역량 형성에 필요한 기반의 수준입니다. 아울러 회사 일 중에 '하찮은' 일이란 없습니다. 그것을 천시하는 '하찮은' 생각만 있을 뿐입니다.

함께 보면 좋아요: 〈팀장으로 산다는 건〉 '철학이 있는 성과관리' `124p`

당신의 리더십이
향해야 할 곳

　선편에서 '일'과 '인성' 두 가지 측면에서 팀원을 4가지 유형으로 분류해봤습니다. 물론, 사람은 상황에 따라 변할 수 있으며, 단순화된 유형으로 구분하는 것은 작위적이란 비판이 있을 수 있습니다. 다만, 리더십을 빠르게 정립해야 하는 팀장에게는 단순한 데서 출발하는 것이 효과적이라 판단했으며, 이는 많은 강의와 코칭을 통해 호의적인 반응을 얻은 바 있습니다.

　위와 같은 분류에 더해 유형별로 리더(팀장)는 어떤 방법으로 리딩해야 할지를 생각해보겠습니다. 먼저 사람을 변화시킬 수 있는가에 대해 자문해봐야 합니다. 흔히들 '사람은 변하지 않으며, 고쳐 쓸 수 없다'고 많이들 얘기합니다. 팀원의 반복되는 실수, 팀워크를 해치는 이기적인 행동, 팀장 마음을 갉아먹는 버릇없는 말본새 등에 상처받은 팀장은 그런 입장을 갖기 쉽지요. 실제 강의나 코칭 시에 질문해보면 대략 20~30%의 팀장님이 '불변한다'에 손을 듭니다.

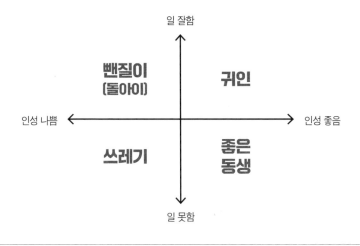

직원 유형 2X2 매트릭스 @김진영

성격, 행동, 그리고 마인드셋

개인의 특성인 성격은 기질이라고 하는데 대부분 타고나는 것이 맞습니다. 그리고 쉽게 변하지 않습니다. 사고, 사별, 해고 등의 엄청난 이벤트가 있지 않고서는 말이죠. 재직 중인 직원에게 회사가, 리더가 이런 순간을 제공하기는 사실상 불가능합니다. 따라서 성격을 변화시키는 것은 리더가 주력할 부분이 아닙니다. 그렇다면 이미 회사가 원하는 대로 변화된 사람을 잘 뽑기만 하면 되지 않을까요? 하지만 채용 과정을 통해 제대로 사람을 골라내는 것이 너무나 어려우며, 그렇기에 입사 후에 교육 등의 프로그램을 통해 훈육시키는 게 현실이지요.

한 사람의 성격은 그의 '행동과 태도'를 통해 인식할 수 있습니다. 다만, 사람들을 보면 비슷한 성격을 갖고 있다고 해도 똑같은 행동을 하지 않는다는 걸 알 수 있어요. 꼼꼼하지 못한 직원이라고 해도 맨날 실수하는 건

성격과 행동 사이에는 관점이 있다

아닙니다. 그래서 생각해봤지요. 성격과 말과 행동 사이에 뭔가 있지 않을까 하고 말입니다. 실제 옆에서 겪었던 에피소드를 소개합니다.

"최 과장! 왜 아직도 오탈자가 이렇게 많은 거야? 리뷰는 하고 나한테 올리는 거 맞냐?"

아침에 내 입사 동기인 박 팀장이 핏대 올리며 자기 팀 최 과장에게 쏘아붙입니다. 10시 상무님께 보고 예정이던 보고서의 오탈자가 문제였던 것. 보고가 끝나고 담배 피우는 자리로 저를 부르더군요.

"김 팀장, 최 과장 때문에 정말 미치겠어. 매번 보고서를 처음부터 끝까지 내가 봐줘야 한다니, 말이 되냐? 과장씩이나 돼서 대리만큼도 완벽하지 못해서야 원…"
"그래, 아주 답답하겠다. 최 과장 덜렁거리는 성격은 변함이 없구나. 다른 점은 좋은데, 매번 업무처리가 깔끔하지 못하니 업무를 믿고 맡기기가 쉽지 않겠어."

"선배들이 했던 말이 맞는 것 같다. '사람은 고쳐 쓰는 게 아니다'라는 거 말이야."

씩씩거리는 박 팀장 마음을 가라앉힌 후 이렇게 말해 줬습니다.

"그런 말, 나도 많이 들었어. 타고난 성격은 쉽사리 안 바뀐다고. 아버지를 원망하실 때 어머니가 하신 말이 있어. '씨도둑은 못 하는 법이다.' 그런데 달리 생각해보면 성격이 바로 같은 행동으로 이어지진 않는 것 같아. 예전에 같은 팀에 있었던 선배 하나는 최 과장 이상으로 업무 처리에 구멍이 많았는데 나중엔 상태가 무척 호전됐단 말이지."

성격과 행동 사이에는 '마인드셋(관점)'이 있다고 생각합니다. 즉, 성격은 마인드셋을 투과하여 행동으로 표현된다는 것입니다. 최 과장에게 다음과 같이 피드백을 주라고 조언해줬습니다.

"보고서에 오타가 많으면 내용과는 별도로 신뢰성에 의문을 품게 합니다. 그러면 내용 작성에 공들인 팀원 전체의 노고를 한순간에 사라지게 해요. 그뿐인가요? 우리 프로젝트 전반에 대해 확신을 갖지 못하게 해서 힘 있게 추진하기 힘들어질 수 있습니다."

이렇듯 오타가 불러오는 심대한 악영향에 대해 충분히 설득하고, 직원의 동의를 구하라고 했습니다. 그리고 묻습니다.

"그렇다면 어떻게 하면 오타를 줄일 수 있을까요?"

"팀장님께 보고 드리기 전에 동료 리뷰peer review를 받도록 하겠습니다."

"알겠습니다. 팀원들에게도 동료 리뷰를 잘해주라고 말해 둘게요."

최 과장 입장에선 동료 리뷰를 받기 위해선 적어도 하루 이틀은 먼저 일을 끝내야 합니다. 새로운 결심을 한 셈이죠. 그렇게 동료 리뷰를 거쳐 팀장으로 올라간 보고서의 오타는 크게 줄이들게 됐습니다.

자, 이 직원의 성격이 변했을까요? 아니지요. '마인드셋'이 달라진 겁니다. 그래서 행동의 변화를 가져오게 했고요. 이렇게 리더의 리더십은 성격이 아니라 마인드셋에 작용해야 합니다.

리더십이 작용하는 두 지점

이제 다시 직원 유형 매트릭스로 돌아오겠습니다. 네 가지 유형에 따라 리더는 리딩의 방식을 달리할 필요가 있습니다. 물론 100% 그것만 하라는 것은 아닙니다. 가장 중요한 방향으로 이해해 주시면 좋겠습니다.

우선, 일 잘하고 인성 좋은 '귀인' 직원은 '위임'을 위주로 리딩합니다. 이들은 대개 자존심이 세고, 본인의 자유도를 중요하게 생각하는 경향을 갖습니다. 세밀하게 간섭하기보다 본인이 책임지고 일을 끌고 갈 수 있도록 적절한 수준에서 가이드 하는 것이 효과적입니다.

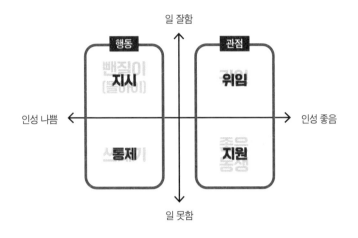

직원 유형에 따른 리딩 방향 @김진영

리더와 코드는 맞는데 다소 일의 능력이 떨어지는 '좋은 동생' 직원은 어떻게 '지원'할까를 먼저 생각합니다. 성과가 부족한 이유를 서로 의논해서 교육이나 훈련을 실행합니다. 팀장의 원 포인트 레슨이 필요할 수 있습니다. 아니면 새로운 일을 시도하도록 자극을 주는 것을 고려해보면 좋습니다. 결국 이들을 귀인 쪽으로 이동시키는 것이 최종 목표가 되겠습니다.

정리하자면, '귀인'과 '좋은 동생' 직원에게는 앞서 언급한 마인드셋(관점)을 변화(발전)시키는 쪽으로 리딩 해야 합니다. 변화는 미래를 위한 현재의 시간과 노력이라고 봅니다. 그만큼 서로가 부담해야 하는 에너지가 큽니다. 따라서 팀장은 한정해서 집중해야 합니다. 왜냐면 리더는 시간이 부족하기 때문입니다. 허락된 자원이 충분하지 않기 때문입니다. 마인드셋을 변화시키는 것은 좋은 사람을 더 좋게, 가능성 있는 사람을 좋게 만드는 활동이어야 합니다.

이 두 유형과는 달리 '행동'에 바로 작용해야 하는 대상도 있습니다. 자기 일만 챙기면서 팀워크를 저해하는 '뺀질이', 성과는 빈약하지만 절대 인정 하지 않는 '쓰레기' 같은 직원이죠. 이들에게는 구체적이고 직접적인 지시 와 통제를 가해야 합니다. 마인드셋(관점)을 변화시키기 어려운(시간과 노력 이 너무 많이 드는) 대상이기 때문입니다. 우리가 음식점에서 시끄럽게 떠드 는 아이들을 어떻게 타이르는지 생각하면 이해가 빠르실 겁니다.

선택은 포기를 의미한다

유형을 나눠 접근하는 것은 유형에 따라 맞춤형으로 대응하기 위함이 기 본입니다만, 그 이면에는 어디에 보다 집중할지를 결심하는 과정이라고 봅 니다. 요즘 팀장에게는 실상 수단이 별로 없습니다. 그래서 고충을 듣는 질 문에 '책임에 비해 빈약한 권한'이라는 항목 선택이 꽤나 높은 축에 듭니다. 기업의 규모와 관계없이 나타나는 현상입니다.

이런 상황에서 성과에 대한 압박이 무척 심합니다. 불가피하게 충분치 않은 수단을 어느 한두 곳에 집중해야 할 상황입니다. 직원 리딩 역시 비껴 갈 수 없는 이슈입니다. 선택과 포기, 리더의 냉철한 결단이 요구된다고 하 겠습니다.

TIP

깨달음으로 이끄는 질문: 변하지 않는 직원이 있습니다. 포기해야 할까요?

직원을 채용했다는 것은 회사에 책임이 있다는 것을 뜻합니다. 그 책임에 따라 회사와 함께 갈 수 있도록 육성하고 지도해야 합니다. 하지만 오랜 시간 동안 변하지 않는 직원이 있습니다. 질책과 회유에도 꿈쩍하지 않습니다. 팀장보다 나이 많은 직원일 경우도 있습니다. 이러면 더 난감해지고, 괴로워지겠지요.

팀장이 할 수 있는 모든 수단 끝에 더는 어렵다는 결심이 섰다면, 상사를 만나야 합니다. 아쉽지만, 팀장의 인사권은 매우 제한적입니다. 따라서 상사의 이해와 결심을 확보하고 움직여야 합니다. 대화의 결론은 '기한'을 승인받는 것입니다. 즉, 마지막 시도에 대한 합의입니다. 많은 리더가 상부의 의중을 확인하지 않은 채 실행에 나서다 안타깝게도 자충수에 빠집니다. 팀장이 모든 부담을 감당해선 안 됩니다. 특히, 인사 문제는 의사 결정권이 있는 상사와 먼저 상의하시길 바랍니다.

함께 보면 좋아요: 〈팀장으로 산다는 건〉 '실력 있다고 뽑아 놨더니' `33p`,
'문제 팀원, 사람 만들기' `38p`

팀장님은 충분히
똑똑합니다

2021년 11월 5일 이른 아침 시간, 경기도 고양시 어느 도로에서 교통사고가 일어납니다. 아기가 고열이 나 급히 응급실로 향하던 20대 엄마가 접촉 사고를 낸 것이지요. 차에서 내린 아기 엄마가 피해 차량 운전자에게 자초지종을 설명하고 사과하는데, 피해 운전자는 오히려 아기 엄마를 안아줍니다.

피해 운전자는 어서 병원부터 가라며 위로했다고 합니다. 다행히 아기는 별일이 없었고, 아기 엄마가 다시 연락했을 때는 아기의 안위부터 물었다고 전해집니다. 후에 라디오 인터뷰에서 피해 운전자는 '운전자가 차에 내리는 모습을 보니 장거리 운전을 하며 출퇴근하는 자기 딸 같았다'고 했습니다. 이 같은 뉴스가 전해진 후에 '감동했다', '눈물 난다', '아직 세상 살만하다'는 반응이 줄을 이었습니다.

감성 지능의 중요성

팀장의 자리까지 올라왔다면 대개 일 잘하는, 인정받던 팀원이었을 겁니다. 이제 실무는 팀원의 몫인 만큼 이들을 어떻게 이끌지 고민할 차례입니다. 이 지점에서 똑똑하고 능숙하게 일을 시키는 방법 외에도 '정서적인' 접근을 고민해봐야 합니다.

많은 리더가 감성의 효능에 대해 크게 인식하지 않는 경향이 있습니다. 회사 일이 무척 이성적이고 논리적인 절차에 의해 결정되는 것 같지만, 그 이면에는 감성이 작용합니다. 그간의 상사들을 떠올려보면 판단에 있어 감성이 이성을 앞서는 때가 많았습니다.

이처럼 감성은 우리의 한 축입니다. 의사 결정할 때, 직원을 동기 부여할 때, 자신을 보호할 때, 우리 자신과 타인을 이해할 때 등 상황에서 감성을 활용합니다. 우리에겐 감성 지능보다는 'IQ'Intelligence quotient, 지능지수'로 일컬어지는 인지 지능에 더 익숙합니다. 아직도 많은 리더는 IQ 높은 사람이라는 고정 관념이 있습니다. 물론 성과를 내는 리더의 IQ 수준은 비교적 높은 게 사실입니다. 하지만 기업 같은 조직에서도 감성 지능이 높은 리더가 보다 성공적이라는 실증적 연구 결과가 나오고 있습니다.

감성 지능은 자신과 타인의 감정을 인지하고 이해하는 능력을 말합니다. 또한 이런 자각을 행동과 관계에 활용하는 능력까지 포괄하지요. 하지만, 공감은 '나도 옳고, 너도 옳다'는 식의 '동감'이 아닙니다. 동감은 해당 감정의 내용까지 동의하는 것이고, 공감은 그런 마음을 먹을 수 있다는 것까지 인정하는 것입니다. 공감은 직원의 감정을 사려 깊게 생각하는 것입니다.

감성의 활용

리더라면 적극적으로 직원을 위한 행동에 나서야 합니다. '공감'이 타인의 감정상태를 인식하고 이해하는 것이라면, '연민'은 타인의 고통을 해결하기 위해 돕고자 나서는 것을 말합니다. 따라서 동정의 마음이 들 때 좀더 적극적으로 연민을 위해 노력해야 합니다. 연민으로 나아갈 수 있도록 돕는 행동은 다음과 같습니다.

- 어떻게 도울 수 있는지 물어보세요.

- 상대방과 공통점을 찾아보세요.

- 구성원 개개인에게 진심 어린 호기심을 키워보세요.

- 조직 내 협력을 권장하세요.

간혹 가다 보면 팀원을 돕기는커녕 오히려 경쟁하는 듯한 팀장의 모습을 종종 봅니다. 아직도 팀원의 마인드로 과거의 지식과 경험을 가지고 우월감을 느끼려고 합니다. 팀장은 리더입니다. 이제 전문성은 충분히 인정받은 셈입니다. 이제는 감성 지능을 개발하고 적극적으로 활용할 시간이 찾아왔습니다.

웹툰 〈송곳〉을 보면 노조를 만들려고 하는 주인공이 노조위원장을 꿈꾸는 장면이 있습니다. 노무사와 주인공의 대화입니다.

"직원들이랑 호형호제 안 하죠?"

"아… 네… 그런 거 좀 불편해서…"

"직원들하고 밥은 자주 먹어요?"

"그게 아직 별로 친하질…"

"밥부터 같이 먹어요."

"사람들은 옳은 사람 말 안 들어. 좋은 사람 말을 듣지."

주인공은 다음 날부터 도시락을 싸 오길 시작합니다. 팀장님도 팀원들과 함께 하는 '감성의 도시락'을 준비하시길 권합니다. 팀원의 감정 상태를 읽고 공감해주는 모습이 필요합니다. 사람들은 똑똑한 사람보다 가슴이 따뜻한 사람을 더 좋아하고 따르기 마련입니다.

TIP

깨달음으로 이끄는 질문: 공감을 표하려고 늘 노력합니다. 근데 왜 이렇게 힘들죠?

좋은 리더의 첫 번째 요건으로 상대에 대한 '공감'을 꼽는 사람이 많습니다. 공감은 상대로 하여금 오픈 마인드를 갖게 하고, 심적으로 지지를 느껴서 소통을 원활하게 만들어 주니까 그렇습니다. 하지만 공감하는데도 에너지가 많이 소비됩니다. '감정노동'이라고 해도 크게 틀린 말은 아니라고 봅니다.

한계선을 설정하고 대응해야 합니다. 요청이나 연락을 무조건 받으면 안 되고요. 자기 에너지의 상태를 살펴야 합니다. 아울러 공감을 나타내야 한다는 과한 압박감에 쌓여 있는 않은 지를 점검하면서 혼자만의 시간을 정기적으로 갖는 것이 바람직합니다. 마지막으로 정말 힘들고 지칠 때는 상대에게 본인의 상태를 솔직히 말하고 양해를 구하는 용기를 가져야 합니다. 감정의 스펀지가 되지 않도록 경계를 염두에 두십시오. 마음도 육체와 마찬가지로 쉽게 지치곤 합니다.

함께 보면 좋아요: 〈팀장으로 산다는 건〉 '또라이 상사는 내 운명' `178p`, '위로가 되는 영화 4선' `220p`

세대 차이에 대한
새로운 생각

소위 '세대론'에 대해 여러 얘기가 난무하는 요즘입니다. '기성세대와는 전혀 다른 혁신 세대의 출현이다.', '몇몇 특정인에 국한된 이야기다.' 등으로 논의의 향방은 양극단을 오고 갑니다. 분명한 것은 이제 대부분의 조직 구성원 50% 이상을 소위 'MZ세대'가 차지했으며, 그들을 움직이지 않는다면 앞으로 나갈 수 없다는 것입니다.

MZ 세대론은 허상이다

일반적으로 MZ세대는 1981년부터 2005년에 태어난 사람으로 일컬어집니다. 연도를 생각해보다 문득 걸그룹의 1세대 '핑클'과 요즘 대세 걸그룹 '에스파'를 떠올렸습니다. 전자의 데뷔 연도는 1998년, 후자는 2020년입니다. 1981년생과 2005년생이 성년으로 가는 문턱쯤에 각각 데뷔한 셈이죠. 그런데 이 두 그룹이 하나로 묶일 수 있을까요?

우선, 그 폭이 너무나 넓습니다. 그래서 일각에선 M과 Z는 분리해서 바라봐야 한다고도 합니다. 빠르게 변하는 세상인데 이렇게 넓은 범주 안에 25년의 사람들을 한데 묶어 버렸습니다. 왜 그랬을까요?

세대론은 주로 마케터에 의해 만들어집니다. B2C(소비재) 마케팅에서 가장 중요한 것은 활동에 집중할 소구점을 찾아내는 것입니다. 마케팅 자원에 한계가 있기 때문에 어느 한 지점을 정해야 합니다. 세대의 특징을 뽑아내야겠죠. 물론 나이의 폭이 크면 더 이롭습니다. 커버할 수 있는 사람의 수가 많아집니다. 그래서 지나친 일반화를 시도합니다. 이는 다양성을 뭉개버리고 편협한 시각을 갖게 만듭니다. 'MZ 세대 직원은 이기적이다.', '싸가지가 없다더라.', '조직 생활을 싫어한다'라는 막연한 고정관념이 자리 잡습니다. 제가 만나본 리더들은 대부분 MZ세대 직원에 대해서 이렇게 말씀하셨습니다.

"과장됐다고 봅니다. 우리 팀에 있는 팀원은 그렇지는 않거든요."

"우리와 다르다는 느낌은 여러 번 받았어요. 하지만 같이 일하지 못할 정도는 아니에요."

"예전에 우리도 상사한테 하고 싶은 얘기가 많았잖아요. 요즘 친구들은 참지 않고 할 말하는 거죠."

저는 'MZ세대'라는 말을 더 이상 쓰지 않습니다. 대신 '2030 직원'이라고 하면 충분하다고 봅니다.

팀장이 처한 세대 고민

일반적으로는 그렇지만, 나와는 정말 다른, 뾰족한 팀원이 있는 경우 난감한 상황에 부닥치게 됩니다. 최근 어느 팀장 한 분이 털어놓은 고민입니다.

"우리 팀 일은 고객관리 업무입니다. 전화 대응이 중요한 부분이죠. 근데 새로 입사한 팀원 한 명이 매일 9시 땡! 해야 사무실로 들어오는 겁니다. 면담할 때 출근 시간과 근무 시간은 다르니까 8시 30분까지 출근하라고 했더니 뭐라고 했는지 아십니까?"

"아… 글쎄, 30분 먼저 출근했으니 5시 30분에 퇴근해도 되냐고 하더군요. 어떻게 이럴 수 있습니까? 제가 팀원이었을 때는 상상도 못 할 말을 의기양양하게 말하더라고요. 그동안 많이 이해해주려고 노력했다고 생각했는데… 완전히 뒤통수 맞은 느낌입니다"

팀장님을 위로해드린 후 차분해졌을 때 이렇게 말씀드렸습니다.

"O 팀장님, 그동안 나름 노력하신 점은 훌륭한 부분입니다. 다만, 방향이 잘못됐습니다. '세대 차이'는 이해의 대상이 아닙니다."

"네에? 이해하려고 노력하면 안 되는 거라고요?"

"이해하려는 마음은 상대를 알고자 하는 좋은 뜻에서 출발한 것이죠. 하지만 이해는 자꾸 내 기준과 견주어 보게 만듭니다. 자꾸만 서로 다르다는 점이 부각되고, 감정이 상하기 십상입니다. 포기를 하게 될 가능성이 높습니다. 세대 차이는 '인정'과 '수용'의 대상입니다."

"음… 가슴 속으로 수긍이 되지 않았던 이유가 그거였군요. 그럼 마냥 받아들이기만 해야 합니까?"

회사는 세대를 넘어 원칙으로 굴러간다

"여기서 인정과 수용은 판단과 비판을 하지 않는다는 것이지, 무조건 들어주는 것이 아닙니다. 중요한 것은 '원칙'을 고수하는 것이지요. 회사에서 근무하는 사람이면 누구에게나 적용되는 원칙 말입니다. 근무 시간은 주 40시간 맞지요? 그럼, 5시 반에 퇴근하라고 하십시오."

"그러면 문제가 생길 것 같은데요?"

"점심시간은 12시부터 13시까지 아닙니까? 직원들은 아마도 11시 30분부터는 움직이죠?"

"그렇습니다."

"그럼 그 직원한테는 12시에 나서라고 하세요. 그게 원칙이니까요. 팀장님 아시듯이 회사와 직원 간에는 서로의 편의를 봐주는 부분이 있습니다. 하지만 원칙을 내세우며 자기 몫을 챙기려는 사람에겐 그 원칙대로 접근할 수밖에 없습니다."

실제 그 팀장님은 제가 말씀드린 대로 언질을 줬고, 다행히 팀원은 팀장의 뜻을 알아차렸다고 합니다.

2030 직원은 화성에서 오지 않았다

이해할 필요는 없어도 이들의 대략적인 특성은 알아두면 어떻게 대응할지 힌트를 얻을 수 있습니다. 우선 이들은 '시대적 맥락'과 연결되어 있다는 점을 알아야 합니다.

첫째, 2030 직원은 '공정' 이슈에 민감합니다.

2021년 성과급 이슈로 야기된 사무직 노조 설립이 그 예가 됩니다. 그들은 본인들의 이해관계에 관심이 많습니다. 그것도 '바로 내 눈앞'에 있는 것에 집중합니다. 이는 평생직장이 불가능해진 세태를 반영하고 있습니다. 그들에게 지금 회사는 종점이 아닌 정류장일 뿐입니다.

둘째, 2030 직원은 '존중'받고 싶어 합니다.

'잡일이나 하며 세월을 낭비하기 싫다'는 것이 입사 후 조기 퇴직의 한 이유입니다. 그들은 본인이 소중하며, 무한한 가능성이 있다고 훈육 받은 최초의 세대이기 때문입니다. 또한 상호비교에 예민한 성향이 있습니다. 이는 손쉽게 남과 비교가 가능한 SNS의 영향 때문입니다.

셋째, 2030 직원은 '효율성'을 따집니다.

기존의 관례화 되고, 비효율적인 의사소통 방식을 극도로 싫어합니다. 또한 그들에게 온라인은 오프라인과 크게 다르지 않습니다. 그래서 카톡 한 방으로 의견을 전하고 싶어 합니다. 이들은 알바를 가장 많이 한 세대입니다. 따라서 '시간 = 돈'이란 등식을 몸으로 체득했습니다.

넷째, 2030 직원은 '참여'하고 싶어 합니다.

다만, 본인의 성장에 도움이 된다고 납득이 되는 경우에 그렇습니다. 아울러 '재미'에 큰 중요성을 부여합니다. 물론 하는 일 모두가 이렇지는 않을 것입니다. 일해야 하는 이유가 있어야 합니다.

다섯째, 2030 직원은 반응이 '즉각적'입니다.

자기 생각을 표현할 때 주저함이 없습니다. 버릇없이 느껴질 수 있지만, 이들은 그저 솔직할 뿐입니다. 유튜브 등의 실시간 반응을 보여주는 매체를 보고 자란 탓입니다. 개인마다 편차가 있겠습니다만 팀장 세대와는 확연히 구별됩니다.

2030 직원과 함께 일하기

첫째, 우선 잘 들어줍니다.

본인의 의견이 일에 반영되는 것을 좋아합니다. 잘못되도 큰 해가 없다면 작은 부분이라도 전체를 떼어 맡겨보는 것이 좋은 방법입니다.

둘째, 일의 '의미'에 대해 설명합니다.

'예전에 까라면 까라는 대로 일했는데'라는 생각은 참고 견디면 돌아올 기대이익이 분명했을 때나 가능했습니다. 이 일이 큰 맥락에서 회사의 목표와 어떻게 연결되고, 미래에는 어떤 영향을 가져온다고 말해줍니다. 아울러 해당 일의 전방과 후방 업무를 연계해서 설명하는 것도 도움이 됩니다.

셋째, 빠르게 반응합니다.

이들은 팀장을 오래 기다려주지 않습니다. 질문이 있었다면 되도록 빠른 시간 내에 답변해줍니다. 또한 빈도 역시 중요합니다. 칭찬이든 지적이든 해야 할 때 즉시, 자주 합니다. 이런 대응은 팀원들이 제대로 케어 받고 있다고 생각하게 합니다.

넷째, 그들에게 배울 것은 배우도록 합니다.

서로 배우고, 가르쳐주는 팀 내 학습구조를 만든다면 원활한 의사소통은 자연스레 이뤄질 것입니다. 새로 나온 휴대폰 어플이나 최근 힙한 장소는 어딘지 알려 달라고 해봅니다. 배운다는 것은 그 사람을 인정하고, 부탁하는 것에서 시작합니다.

다섯째, 팀원 간의 비교를 하지 않습니다.

업무상 잘못에 대해 지적할 때 역시 비교의 대상을 본인으로 합니다. "자네는 작년보다 얼마나 발전해 있나?", "자네는 올해 팀에 기여한 바가 무엇인가?" 비교의 대상은 본인 자신이 되게 합니다.

마지막으로 그들과 가까워지려 무리한 노력을 하지 않습니다.

팀장과 팀원 사이는 친한 것이 아니라 원칙을 지키면서 성과를 내는 관계여야 합니다.

너무나 다른 2030 직원의 반응을 보고 있자니 같은 지구에 사는 사람인지 의문이 들곤 합니다. 하지만 이들은 우리와는 다른 시대상에서 영향 받은 사람들일 뿐입니다. 결국, 2030 직원은 '시대'의 산물입니다. 내 팀에 있는 2030 직원 개인보다 그들 세대를, 그들 세대보다 우리 시대를 생각해야 인정과 수용으로 그들에게 다가설 수 있습니다. 이렇듯 세대 차이는 극복해야 하는 대상이 아님을 받아들여야 합니다.

그렇다고 모든 것을 2030 직원들의 입맛에 맞도록 해야 한다는 것은 아닙니다. 필요한 규율과 원칙은 명확하게 정의하고 공유해야 합니다. 이것은 새로운 권위의 모델을 형성하는 과정이라고 생각할 수 있습니다. 그런 후 임원이 되어 실질적인 경영권을 행사할 때쯤 조직은 더욱 일하기 좋게 변화되어 있을 겁니다. 아울러 지금 팀원들이 팀장님 자녀의 상사가 되는 미래를 생각한다면 결코 밑지는 장사는 아닐 겁니다.

TIP

깨달음으로 이끄는 질문: 우리 회사엔 네 개의 세대 직원이 일하고 있습니다. 이들의 융화에 효과적인 방법이 있을까요?

전통기업 제조업종에서는 여러 세대가 함께 일하는 것이 일반적입니다. 경영진은 베이비부머, 중간 관리자는 X세대, 초급 관리자는 Y세대, 실무자는 Z세대와 같습니다. 따라서, 기업에서 세대 간의 차이를 인식하고 합심하며 일하도록 이벤트와 제도를 시행합니다. 주니어보드, 타운 홀 미팅 같은 열린 모임, 사내 벤처, 기분 전환 휴가 등입니다. 다만, 2030세대를 이해하자, 그들에게 혜택을 주자는 '탑다운 방식'이 주를 이루고 있어 아쉽습니다. 위아래 소통과 화합을 위해서는 '아래에서 위로 향하는' 방식까지 함께 시행돼야 하는데 말입니다. 자칫하면 기성세대 직원의 박탈감을 초래할까 걱정됩니다. 특히 관리자 계층의 X, Y세대는 실무자와 일하는 데 동기 발현에 부족한 수단을 절감하고 있기도 합니다. 특히 이들의 경험과 지식은 반드시 2030 직원에게 전수돼야 조직의 영속성이 보장됩니다. 이런 관점에서 관리자의 상황과 고민을 알 수 있도록 하는, 방향이 다른 리더십 과정이 필요합니다. 세대 간의 이해를 돕고, 합심해서 성과를 내는 영역에서도 쌍방향 소통이 활발히 일어나길 기대합니다.

함께 보면 좋아요: 〈팀장으로 산다는 건〉 '이제 나보고 꼰대라 한다' `172p`

팀장에게 꼭 필요한 마인드셋, 다섯 장면

장면 #1 지도책에서 길 찾기

지독한 길치였던 저에게 운전은 적지 않은 고통이었습니다. 전국을 다녀야 했던 영업직원이었기에 상당한 두려움이 있었습니다. 2000년대 초반 내비게이션을 70만 원을 주고 회사 직원 중에서 제일 먼저 구입했습니다. 다들 제 차로 와서 구경하고 그랬지요. 내비게이션이야말로 인류 최고의 발명품이라 생각했습니다.

내비게이션 이전 시절, 다들 '지도 책' 한 권씩은 차에 두고 있었을 겁니다. 어느 주말, 와이프와 초행길에 나섰습니다. 미리 지도를 보고 출발했는데, 여지없이 길을 잃어버렸습니다. 와이프가 지도책을 봤지만, 알 수 없다고 해서 차를 갓길에 댔습니다. 저 역시 도통 알 수가 없더군요. 실상 지도 위에 제가 지금 어디 있는지를 알 수 없었기 때문이었습니다.

많은 리더가 성장과 발전을 꿈꿉니다. 어떻게 하면 된다는 도서와 교육

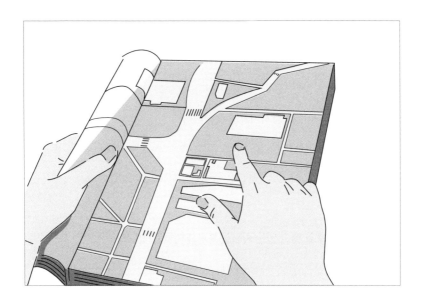

이 넘쳐납니다. 하지만 정작 그렇게 됐다는 사람들의 수는 생각보다 적습니다. 아쉽게도 리더십의 출발이 '자기 자신'이라는 점을 간과해서 그렇다고 봅니다. 이 점을 누락한다면 리더십은 그저 '남'을 변화시키는 데에 초점을 맞추게 되지요.

많은 사람이 젊은 시절 이상향을 꿈꿉니다. 더욱 나은 세상, 평등하고 행복한 나라… 하지만 어느 순간, 세상을 변화시키는 것이 얼마나 어려운 것인지 깨닫게 됩니다. 실상은 남보다 '나 자신'을 변화시키는 것이 보다 용이하다는 것을 말이죠. 문제는 많은 시련과 상처를 얻고 나서야 이런 사실을 알게 된다는 것입니다.

운전과 관련한 설문조사를 해보면 면허가 있는 사람들 80% 이상이 자신은 운전에 능숙하다고 응답합니다. 자신에 대한 객관적인 인식이 부족한 현상을 단적으로 드러낸 결과라 할 수 있습니다. 소위 지도자라고 하면 냉

철하고, 이성적이라는 선입견이 많지만, 그도 역시 사람인지라 자기 인식을 위해서는 특별한 훈련과 마음가짐이 필요합니다.

1. 자기반성의 시간을 정기적으로 갖습니다.

'하긴 해야 되는데' 하는 생각만으로는 부족합니다. 따라서 매일 또는 격일 주기로 시간표에 별도로 시간을 잡아 두고 실천해야 합니다.

2. '느슨한 관계'를 맺고 있는 사람들에게 조언을 구합니다.

문제가 생기면 가까운 사람을 떠올리기 마련입니다. 하지만 계속 볼 사이라면 쓴 소리 건네는 것을 꺼립니다. 또한 이해관계가 얽힌 경우가 많습니다. 따라서 일 년에 한두 번 보는 사람들을 떠올려 현재 이슈에 도움을 줄 수 있는 사람에게 부탁하는 것이 현실적입니다.

3. 반성의 기록을 남기고, 새기며, 팀원과 공유합니다.

위의 1~3번 사항을 짧게 기록으로 남기고 복기하는 시간을 갖습니다. 그중 일부를 팀원과 공유하는 것이 좋습니다. 말이 쉽지 참 어려운 일입니다. 저는 워크숍 발표자료 맨 앞에다 제가 반성한 내용을 담아 먼저 회고했습니다. 처음에는 다들 이상한 듯 수군거렸지만, 이후 논의가 부드러운 분위기에서 진행됐던 기억을 갖고 있습니다.

장면 #2 낯선 광고

2020년 어느 창호 회사의 광고가 폭발적인 인기를 끌었습니다. 유튜브에 게시된 후 2주 만에 300만 회가 넘는 조회 수를 기록했지요. '무한 광고 유니버스'라고 이름 붙여진 이 광고에선 유명한 광고를 패러디해서 활용하고 있습니다. 그냥 따다 쓴 것이 아니라 상품과 계속 연결을 짓고 있습니다. 도입부에서 이런 대사가 나옵니다.

"저저… 광고 봐라. 요즘 저런 광고 누가 봐?"

광고 속에서 TV를 통해 광고를 보고 있는 시청자의 대사입니다. 이런 상황은 진짜 시청자가 낯설음을 느끼게 합니다. '뭐 이래?'라는 생각이 들게 하죠. 이처럼 몰입을 방해하는 것 같지만 색다른 느낌을 주고, 보는 이를 생경하게 만들면서 흥미로운 감정을 불러일으킵니다.

이를 '낯설게 하기' 효과라고 합니다. 원래 문학 이론에서 비롯된 개념으로 일상에서 익숙하지 않은 자극을 받을 때 새로운 발상을 하게 되지 않나

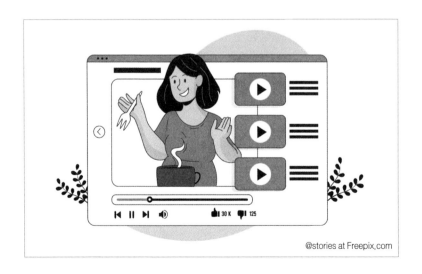

@stories at Freepix.com

싶습니다. 우리가 여행을 가는 것 역시 낯선 환경에 나를 던져 보는 것이라 생각합니다. 그러면 내가 누구인지, 달라진 환경은 어떻게 이해해야 하는지 우리는 생각하게 됩니다.

1. 매월 미술관을 찾습니다.

국립현대미술관과 예술의전당 한가람 미술관은 제가 종종 찾는 곳입니다. 미술에 조예가 있다거나 지식이 있어서가 아닙니다. 그저 보러 갑니다. 보면서 생각합니다. 이해해보려 노력합니다. 머리를 쓰는 연습이 됩니다.

2. 종종 시집을 봅니다.

TV를 시청하는 사람과 시집을 보는 사람의 뇌를 스캔했는데, 후자의 뇌가 몇 배는 활발하게 움직였다고 합니다. 문맥과 맥락을 이해하려고 노력하는 순간 당신의 뇌는 새로움을 향해 매진합니다.

3. 출퇴근 길을 달리해봅니다.

바쁜 일상에서도 낯선 장면에 나를 던져볼 수 있는 좋은 순간은 바로 출퇴근 길입니다. 안 가본 길을 가보며 풍경과 사람들을 관찰해보시길 바랍니다. 휴대폰은 잠시 가방에 넣어 두시고요.

장면 #3 거센 바람 속의 경착륙

해외나 국내 출장이 잦았던 탓에 400여 회의 비행기 탑승 경험을 가지고 있습니다. 그 중에는 태풍 같이 기상 여건이 좋지 않았던 때의 비행이 있었습니다. 그럴 때마다 비행기 착륙은 불안하게 쿵 하며 내려앉는 소위 '경착륙'을 하곤 했습니다. '상공에서도 바람 때문에 불안했는데, 착륙은 부드럽게 할 수 없나' 하며 불만을 가졌지요. 그런데 나중에 알고 보니 기상 여건이 안 좋은 날, 특히 바람이 많이 부는 날에는 오히려 빠르고 강하게 경착륙하는 것이 더욱 안전하다는 얘기를 듣게 됐습니다.

팀장의 여러 고민 중 상위 5개 안에 드는 것이 바로 '팀원을 다루는 방식'과 관련된 것입니다. 어떻게 하면 충돌 없이 이끌 수 있을 것인가가 핵심 질문입니다. 이어지는 질문은 부드럽게 리딩하는 방법을 알려 달라는 것입니다. 팀장의 고심이 느껴지는 대목이지요.

1. 수단과 원칙을 구분합니다.

리더십에도 여러 종류가 있습니다. 방임주의 리더십, 독재적 리더십, 민주주의적 리더십, 거래적 리더십, 변혁적 리더십, 서번트 리더십… 리더는

상황에 따라 리더십 특성을 복합적으로 사용하게 마련입니다. 따라서 리더십 유형은 그저 '수단'일 뿐이라는 것이지요. 리더십의 원칙적 특성을 놓치면 안 됩니다. 자신에게 원칙이 있는가, 있다면 원칙을 고수하는가를 자문해야 합니다.

2. '굿 가이 콤플렉스'를 경계합니다.

심리학에서 '착한 사람이 돼야 한다는' 강박 관념을 일컫는 말로 굿 가이 콤플렉스라는 용어가 있습니다. 사실, 누군들 욕먹어 가며 팀장하고 싶겠습니까? 하지만 필요할 때는 단호함을 보여야 합니다.

3. 팀원과 때로는 허심탄회한 소통을 시도합니다.

원칙만 고수하는 모습은 자칫 딱딱하고 답답한 리더로 보일 수 있습니다. 팀원에게 자신의 행동이 리더 자신의 개인적 주장이 아닌, 리더라면 누구나 갖춰야 할 모습임을 설득하는 기회를 갖길 추천합니다. 때론 솔직함이 최선일 때가 있습니다.

장면 #4 태권도 겨루기

태권도는 2000년 시드니 올림픽 때 정식 종목이 된 후 경기 방식의 문제로 지루하다는 비판이 자주 나왔습니다. 다만, 이런 평가는 선수 보호와 경기 진행 사이에 절충점을 찾다 보니 나온 불가피한 측면이 있습니다. 그런데도 경기를 관람하는 관중은 보다 화끈한 싸움을 기대하기 마련입니다.

타격에 따른 점수를 심판이 매기는 방식이었기에 불분명한 판정에 불만과 의혹이 이어졌습니다. 2008년 베이징 올림픽에서는 선수 코치들과 심판진이 감정적으로 대립하는 모습까지 낳게 됐습니다. 종목 퇴출 관련 공론이 있었고, 2005년 싱가포르 국제올림픽위원회IOC 총회에서 두 표 차이로 잔류가 결정되는 아슬아슬한 순간을 연출하기도 했습니다. 이후 '전자 호구'가 도입되고, 경기 시간 조정을 통해 예전보다는 흥미진진한 경기가 가능하게 됐습니다.

저는 심판이 경기를 중단시키며 선수들에게 활발한 경기를 재촉하는 장면을 유심히 본 적이 있습니다. 심판은 각 선수에게 계속해서 재촉하지만, 선수의 움직임은 크게 달라지지 않았습니다.

'선수는 심판의 채근에 움직이지 않는다. 선수는 경기 룰을 활용할 뿐이다.'

결국, 태권도를 살린 것은 선수가 아니라 태권도협회가 경기 운영 규칙을 바꾼 덕분입니다. 팀장은 혼자 움직일 것이 아니라 조직을 움직여서 성과를 낼 수 있습니다.

1. 조직 문화에 주는 영향을 자각합니다.

팀장은 실무 조직의 수장으로 자기 팀원에게 직접적인 영향을 미치게 됩니다. 한가지 간과되는 사실은 팀의 분위기와 에너지가 팀을 넘어 전파되고 전염된다는 것입니다. 여러 복합적인 과제와 업무가 늘어서 여러 팀의 협업이 요구되는 시절이라 더욱 그렇습니다. 따라서 팀장이 단지 한 개 팀을 맡고 있다고만 할 수 없는 이유가 됩니다.

2. 조직의 차원에서 생각합니다.

팀원에게 지시하기 전에 팀 차원에서, 사업부 차원에서, 또는 전사 차원에서 할 수 있는 일을 우선 고려하는 것이 필요합니다. 이미 실무로 바쁜 팀원에게 전사 또는 사업부의 공통 이슈를 던지는 것은 과중한 짐을 더하는 것과 다름없습니다. 개인의 의지나 정신 상태보다 조직의 한발 앞선 움직임이 훨씬 중요합니다.

3. 결과는 정책과 제도로 결실을 맺습니다.

조직이 조직답게 운영되도록 하는 것은 기본적으로 정책과 제도 덕분입니다. 이런 조직이라면 리더 개인이 바뀌더라도 크게 부침이 없게 마련입니다. 팀장은 본인의 운영 철학과 원리를 구체적인 규칙과 일상 활동으로 구현해야 합니다.

장면 #5 황희 정승과 농부

조선시대 황희 정승이 젊었을 때, 들판을 걷다가 농부와 두 마리 소가 일하는 것을 보게 됩니다. 호기심으로 농부에게 다가가 물었습니다.

"누런 소와 검정 소 중에서 어느 것이 더 일을 잘합니까"

그러자, 농부는 속삭이는 소리로

"누런 소가 더 일을 잘하지요."
"아니, 그냥 얘기해주면 되는데 왜 속삭이는 것이오?"

그러자 농부는

"아무리 말 못하는 짐승이라도 자기가 못하다는 소리를 들으면 서운한 법이지요."

이 이야기는 다들 알고 있을 텐데요, 황희가 당대의 최고 지식을 갖은 사람 중 하나였겠습니다만, 이 순간만큼은 농부가 더 지혜로운 모습을 보여줬다고 할 수 있습니다. 우리가 가진 잘못된 인식 하나를 말씀드리겠습니다.

리더라면 대개 지혜로워지고자 노력합니다. 그래서 책을 보고 강의를 들으며 지식을 쌓고자 하는데요. 그것은 지식의 축적이 지혜의 탄생으로 이어진다는 생각 때문입니다. 하지만 이는 꼭 성립하지 않습니다. 농부의 경우 황희보다 지식이 많다고 할 수 없었을 겁니다. 지식은 지혜의 기반 중 하나일 수 있어도 전부일 수는 없습니다.

1. 지혜는 태도이며 습관임을 인식합니다.

머리로만 알고 있으면 '헛똑똑이'에 불과합니다. 좋은 태도가 자연스럽게 나올 수 있도록 습관을 들여야 합니다. 이를 위해서 의도적인 노력이 필요합니다.

2. 새로움에 대해 열린 자세를 갖습니다.

지혜로운 사람은 과거보다 더 나은 미래를 향해 나가는 사람입니다. 이를 위해서는 익숙한 것에서 벗어나 미지의 세계를 열망해야 합니다. 새로운 경험을 반기며 즐거워합니다.

3. 상상을 자주 해봅니다.

지식은 시간과 노력을 통해 누적할 수 있지만 지혜는 '숙고'의 결과입니다. 상황에 따라, 시점에 따라, 장소에 따라 머릿속으로 그림을 그리는 연습을 합니다. 아울러 자신의 도움이 필요한 사람들을 돕는 기회를 의도적으로 만들어서 상상과 현실을 연결해보도록 합니다.

깨달음으로 이끄는 질문: 아무래도 '고정 마인드셋'인 것 같습니다. 어떻게 하면 '성장 마인드셋'을 가질 수 있을까요?

스탠퍼드 캐럴 드웩 교수의 책, 〈마인드셋〉은 제가 강력히 추천하는 리더십 도서 중 하나입니다. 권위주의형 리더는 대부분 위신과 위치를 중시하는 고정 마인드셋을 가졌으며, 참여형 리더는 학습과 성장을 중시하는 성장 마인드셋을 갖고 있다고 하지요. 그래서 많은 리더가 성장 마인드셋을 가지려 노력합니다. 캐럴 드웩은 성장의 관점을 함양하는 방법으로 새로운 자극을 적극적으로 받아들이고, 훈련을 거듭하라고 말합니다. 특이한 점은 우리 모두 고정 마인드셋과 성장 마인드셋을 갖고 있다는 점입니다.

2004년 한일 월드컵 당시 히딩크 감독을 떠올려 보면, 골을 득점한 후에 축하의 순간은 짧았고, 바로 벤치로 향하는 모습을 볼 수 있었습니다. 이처럼 고정 마인드셋이 표출되는 순간을 줄이고, 바로 평정심으로 돌아가면 되는 것이죠. 성장 마인드셋의 함양과 더불어 고정 마인드셋이 출현하는 시간을 잘 통제하는 것이 중요합니다.

함께 보면 좋아요: 〈팀장으로 산다는 건〉 '카리스마 없는 리더가 더 낫다' `63p`, '때론 잠시 멈춤이 필요하다' `187p`, '위로가 되는 영화 4선' `220p`

PART 2

팀장으로
안착한다는 건

일을 잘 맡기는
3단계 방식

주변에서 직원의 업무수행에 불만을 토로하는 관리자가 적지 않습니다. 몇 번을 가르쳐줬는데도 가져오는 결과는 신통치 않다고 하지요. 반면에 직원은 관리자의 지시를 도통 이해 못 하겠다고 아우성칩니다. 왜 해야 하는지 모르겠다고 말이죠. 양쪽에서 왜 이런 현상이 동시에 일어날까요?

조 과장과 박 주임의 언쟁

"그러니까요, 조 과장님! 업무를 시키실 때는 자세히 말씀해주세요! 그게 그렇게 어려운 일인가요?"

일주일 출장 갔다 사무실로 복귀하는 날, 회의실에서 박 주임의 짜증 섞인 목소리가 나를 맞이합니다. 워낙 격앙된 상태라 박 주임을 자리로 보내고, 조 과장을 밖으로 불러 자초지종을 물어봅니다.

"팀장님 안 계실 때 본부장님께서 따로 시키신 일이 있었어요. 평소 하던 일 하고 크게 다르지 않아서 박 주임한테 시켰거든요. 내일이 보고하는 날이라 같이 보고서 리뷰하고 있었는데…"

조 과장이 갑자기 말을 멈춥니다. 무척이나 억울한 표정이네요. 내가 없는 상황에서 괜히 맘 고생시킨 것 같아 미안한 마음이 듭니다.

"보고서가 너무 이상하게 나온 거죠. 제가 생각했던 거랑 완전히 정반대로요. 그래서 한 소리 했더니 박 주임이 발끈했던 겁니다."

울적한 조 과장을 다독여서 사무실로 돌려보내고는 복잡한 마음에 회사 주변 공원으로 발길을 떼 봅니다. '나는 지시를 어떻게 받았던가?' 내가 모셨던 상사들을 떠올려봤습니다.

두 가지 타입이 대부분이었던 것 같습니다. 하나는 '몽상가' 스타일. 일에 애착과 열의는 넘치는데, 정작 본인은 일해본 경험이 없거나 부족했지요. 지시의 처음부터 끝까지 모두 그 일을 해야 한다는 당위성뿐이었습니다. 그러고서 "알겠지?"라는 추임새로 마무리 지었죠. 다른 한 타입은 일만 얘기했던 상사였습니다. 그의 말 중에 일의 맥락이나 의미는 전혀 없습니다. 일을 듬성듬성 잘라서 누구는 뭐하고, 누구는 뭐하고 나눠주곤 끝인 거죠. 저는 그저 일만 하는 기계처럼 생각되더군요. 아마도 이런 식으로 지시받던 마지막 세대가 조 과장이었을 겁니다. 중간에서 불똥을 맞았던 거지요.

넷플릭스를 보다 깨달은 것

제 기억으론 〈킹덤〉을 기점으로 넷플릭스 상의 한국 드라마의 세계적 히트가 시작됐습니다. 그 후 〈스위트홈〉, 〈D.P.〉 〈마이 네임〉, 〈지옥〉, 〈지금 우리 학교는〉 등이 순위 상위에 랭크됐었죠. 이런 드라마는 우리 집에서 놀라운 광경을 낳았습니다. 네 식구(엄마, 아빠, 대학생 딸, 대학생 아들)가 거실에서 TV를 '함께' 보게 만들었죠. 예전엔 각자 방에서 태블릿이나 휴대폰을 쳐다보고 있었는데 말이죠.

나이 든 사람이나 젊은 사람이나 스토리를 좋아한다는 것입니다. 스토리는 앞뒤 사건의 맥락이 있고, 기승전결의 구조를 갖고 있기 마련입니다.

'아하! 유레카! 일의 지시도 스토리처럼 하면 효과적이지 않을까!?

일을 지시하는 스토리는 Why이유, What주제, How방법 세 가지로 구분할

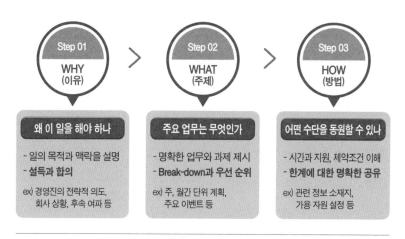

일을 잘 맡기는 3단계 프로세스

수 있습니다. Why는 업무의 당위성, What은 업무의 주요 내용, How는 업무 수행 방법과 수단이지요. 관리자가 어떤 부분을 주로 강조하는지에 따라 다음과 같이 분류할 수 있습니다.

Why를 강조하는 관리자는 우선 괜찮은 사람 같아 보입니다. 실제로 '왜 이 일을 해야 할까?' 단계에서 직원 스스로 납득하지 못하는 경우가 흔합니다. 그들에겐 일 자체가 부담과 고통으로 인식되는 측면이 있기 때문이죠. 그런 상태라면 일이 잘 진행될 가능성은 크지 않을 겁니다. 그렇기에 Why는 업무에 뛰어들 분위기 조성에 분명 도움이 됩니다. 하지만 이것만 늘어놓는 것은 허무함을 가져오지요. '그래, 해야 한다는 건 알겠는데, 그 다음은 뭔 데?'라는 반응이 뒤따르기 십상입니다. 우리가 살 집은 당위성만 가지고 지을 순 없는 것이지요. 이런 관리자는 실무에는 약하고 마음씨만 좋은 '몽상가'라 하겠습니다.

What을 강조하는 관리자는 업무 추진력이 뛰어난 사람일 가능성이 높습니다. 일을 분류해서 주요 포인트를 잘 짚어내죠. 집을 받칠 주춧돌과 기둥의 구조를 잘 알고 있습니다. 하지만 Why가 없기에 직원들은 '왜?'라며 갸우뚱한 상태에서 일을 시작합니다. 또한 다음 단계의, 구체적인 실행 방법이 손에 잡히지 않은 상태죠. 이유와 방도를 몰라 우왕좌왕하게 됩니다. 이런 관리자는 지시만 하고, 나중엔 결과가 왜 이리 늦냐고 채근하는 '(나쁜) 권위주의자' 타입입니다.

How를 강조하는 관리자는 디테일에 강한 실무형입니다. 집을 짓는 순서와 재료에 민감합니다. 하나하나 세부적으로 지시하고 확인해야 직성이 풀립니다. 자신은 장기판을 마련하고, 직원들은 그 위에서 말처럼 움직여

주긴 바라는 사람이죠. 이러다 보니 실무자들의 두뇌 활동은 멈추게 됩니다. 일의 결과는 관리자의 수준에 딱 맞게 나오게 마련이고요. 이런 관리자는 '마이크로 매니저'라고 할 수 있습니다.

이상, 권위, 그리고 디테일

위와 같은 세 가지 타입은 편의상 구분한 것이며, 100% 한쪽에만 쏠려 있는 관리자는 거의 없습니다. 다만, 위에서 시켜서, 바쁘다는 핑계로, 관리자의 성향에 따라 편향이 나타나는 것을 자주 볼 수 있습니다. 이는 지시를 받는 실무자들에게 직접적인 영향을 주게 되죠. 그들의 능력을 0%에서 100% 또는 150%까지 활용하는가는 관리자의 지시 방식에 달려 있다고 해도 과언이 아닙니다.

제대로 업무 지시를 하기 위해서는 '이상', '권위', '디테일' 모두 필요합니다. 지금은 산업화 시대처럼 '까라면 까던' 상명하복 시대가 아닌 것은 주지의 사실이죠. 조직 내 신진 세력인 2030 직원들은 자기 확신이 없으면 진심으로 움직이지 않습니다. 따라서 Why에서 시작합니다. 우리 회사의 비전과 가치, 연간 목표, 현재 상황 등과 연결된 맥락에 관해 일의 당위성을 설명합니다. 만일 Why를 구성할 수 없는 일이라면 상사와 다시 협의해야 하죠.

다음은 What을 풀어 봅니다. 이는 전략적 사항을 담게 됩니다. 일을 쪼갠 단계의 정의, 단계별 핵심 목표, 주요 마일스톤과 이벤트 등이 구성 요소입니다. 이는 결과로 나가기 위한 로드맵 같다고 할 수 있습니다. 업무분장과 그에 따른 책임까지 설정되는 단계입니다. 이는 관리자의 권위가 긍정적으로 작용해야 설득력을 가집니다.

마지막으로 How에 대해 논의합니다. 관리자라면 실무 분야 모두에 능통할 수는 없습니다. 따라서 실무진의 의견을 들어야 합니다. 의견 수렴뿐만 아니라 일부 사항은 과감하게 맡기는 것이 낫습니다. 특히나 2030 직원은 일하는 목적과 더불어 본인의 의견이 반영되는 것을 중시합니다.

이렇듯 업무를 지시하는 순서를 'Why이유 → What주제 → How방법'로 진행하면 지시자와 수행자 간의 상호 공감을 기반으로 실행력을 강화하고 결과에 집중할 수 있습니다.

현업 팀장께 업무 지시 3단계 방식을 설명하면 업무 지시를 매번 이렇게 할 수 있냐는 반응이 많았습니다. 그렇습니다. 모든 지시를 이처럼 할 수는 없습니다. 늘 해오던 업무나 가치가 상대적으로 낮은 업무는 기존 방식대로 진행해도 된다고 봅니다. 더욱 중요하고 장기적인 과제를 다룰 때 필요한 방식입니다.

물론 '나는 이런 식으로 대접받은 적이 없었는데, 직원에게 이렇게까지 해야 하냐?'며 억울한 목소리를 낸 팀장님도 있었습니다. 그럴 때마다 예전에 그런 식으로 지시받을 때 수긍이 되었냐, 업무가 명쾌하게 그려지던가, 뭘 해야 할지 세세하게 알았는가를 여쭤봅니다. 그러면 이해하시더군요. 귀찮게 느껴지고, 꼭 해야 할까 생각이 들 수 있습니다. 다만, 이것은 꼭 기억해주십시오.

'좋은 과정이 좋은 결과로 이끄는 법이다.'

깨달음으로 이끄는 질문: 마이크로 매니징 하는 것 같습니다. 하지만 특별히 문제는 없는 것 같은데요?

마이크로 매니징에 빠진 팀장들과 대화하면서 발견한 것이 하나가 있습니다. 그 심각성에 대해 자각하는 사람이 생각보다 적었다는 것입니다. 얘기를 들어 보면 자기 선배 팀장 역시 비슷하게 관리를 하고 있어서 배운 것이고, 그런 상황에 팀원들 역시 이상하게 생각하지 않는다는 것이었습니다. 왜 그럴까요?

그런 경우 대부분은 팀장의 직속 상사 역시 마이크로 매니징하는 경우가 많았습니다. 즉, 상사가 꼼꼼하게 체크하기 때문에 그에 대한 대응으로 팀장 역시 관리를 그렇게 하고 있었고, 관행처럼 굳어져 왔던 겁니다. 그러다 보니 문제의식마저 사라진 상황이 됐던 거죠. 상사가 그런 태도로 일관한다면 불행히도 팀장은 그저 '선배 팀원'이지 리더가 아닙니다. 이는 개인 리더십 발전이나 조직의 성장 측면에서 매우 불행한 일이 아닐 수 없습니다.

함께 보면 좋아요: 〈팀장으로 산다는 건〉 '대화는 했지만 통한 건 아닐지도' 69p, '리더는 일이 아닌 구조를 관리한다' 111p, '인사이트를 주는 영화 4선' 159p

이상한 직원에게
제대로 지시하는 법

최근 신임 리더와 얘기를 나누다 보면 본인의 업무 지시에 대한 직원의 반응에 크게 신경을 쓰고 있다는 느낌을 받습니다. 이는 구성원을 생각하는 바람직한 반응임과 동시에 마음속 두려움이 한몫 하는 것 같아 안쓰러운 생각이 들었습니다. 이상한 직원들에게 제대로 지시하는 방법을 정리해봤습니다.

뺀질이	이해보다 지시	귀차니스트	결과를 책임지게
"그 일은 제 일이 아닌데요?"	- 해야 하는 일임을 주지 - 명시적이고 구체적인 지시	일은 대강, 오늘은 칼퇴!	- 고객사 미팅에 데려간다. - "당신 같으면 어떻게 할 건가?"
실수반복자	**마이크로 매니징**	**배째라 막가파**	**사표 웰컴!**
"이번에도… 저번에도…"	- 실수가 초래하는 결과 주지 - 실수가 나오면 바로 지도	"이런 일은 할 수 없어요. 사표 내겠습니다."	- 제한적 범위에서만 업무 지시 - "이거 서운해서 어쩌지!"
개념상실자	**방임 또는 근접 관리**	**입만산자** (No Action, Talking Only)	**세부 목표 관리**
"아…무슨 말씀이에요?"	- 악영향 최소화 지향 - 다른 직원과 '함께' 업무 지도	"네! 알겠습니다." "네! 알겠습니다."	- 목표를 잘게 쪼개 확인 - 행동을 기억하게 만든다.

직원 유형별 지시 방법

1. 뺀질이

자기 일은 해내는 직원입니다. 하지만 팀 플레이어는 아니죠. 업무를 하다 보면 아무리 업무분장을 세밀히 해도 누가 해야 할지 모르는 일이 돌발하게 돼 있습니다. 대개 그런 일은 하찮고 가치가 낮아 보이기 마련입니다. 그래서 맡는 걸 주저하죠. 리더의 입장에선 답답합니다. 누군가는 꼭 해줘야 조직이 돌아갈 텐데 말입니다. 단호함이 요구되는 순간입니다. 조직을 위해 꼭 필요한 일임을 말합니다. 여기서 중요한 것은 이해시키는 것이 아니라는 점입니다. 그리고 바로 지시합니다. 언로는 열어 놔야 하지만 언제나 의견을 듣거나 토론을 허용한다는 의미는 아닙니다.

2. 귀차니스트

일 자체를 귀찮아 하는 스타일입니다. 얼굴에 짜증과 한숨이 그득합니다. 그러다 퇴근 시간이 다가오면 슬슬 기운을 차리고 다른 사람이 되지요. 리더 입장에서 더 답답한 것은 일할 수 있는 능력이 있기 때문입니다. 일부러 하지 않는 것이죠. 이런 직원은 리더의 말 따위는 귓등으로 듣는 성향이 있습니다. 리더의 말보다는 직접 느끼게 해주는 것이 더 효과적입니다. 고객사 미팅에 대동하거나 상사에게 보고 시 직접 담당하도록 지시합니다. 대박 깨질 수 있을 겁니다. 어리둥절할 때 물어야죠.

"당황스럽고 속상하죠? 당신 같은 직원을 둔 나는 어떻겠습니까?"

3. 실수반복자

동일한 실수를 계속합니다. 매번 가르쳐주는 데도 이럴 수가… 신기할 따름입니다. 지도 방식의 변화를 시도해 봅니다. 불러서 실수를 몇 번 했는지 차근차근 설명한 후 그런 실수가 어떤 영향을 끼치는지 분명히 알려 줍니다. 최대한 진지한 태도로 말해야 합니다. 물론 그것으로 실수가 끝나진 않을 겁니다. 실수가 나올 때마다 즉시 뭐가 잘못됐는지, 어떻게 해야 할지를 알려줍니다. 점점 실수를 줄여 가는지 추세를 잘 봐야 합니다.

4. 배째라 막가파

이런 직원에게 업무를 지시하는 것 자체가 스트레스입니다. 뭐든 싫다, 못한다를 거듭하다 사표를 운운하곤 하죠. 당장 일손이 급한 팀장 입장에선 울며 겨자 먹기로 달래 가며 일하기에 십상인데요. 이러다 보면 팀장의 권위는 땅에 떨어지고, 묵묵히 일하는 직원의 동기까지 끌어내리게 됩니다. 저 역시 골치 아픈 직원 하나가 있었는데, 질책하니 또 사표를 내겠다고 하더군요. 바로 인사팀장을 불러 퇴직 처리를 성심껏 도왔습니다.

5. 개념상실자

도대체 무슨 생각을 하며 회사 생활하는지 모를 친구들입니다. 다른 직원들 모두 손가락질하지만 아무도 접근하려고 하지 않습니다. 그냥 주인 없이 버려진 땅 같은 느낌이 듭니다. 최대한 악영향이 없도록 통제하며 제한적으로 일을 지시합니다. 그 땅에 인접하는 직원들과 공동 작업을 지시하면서 본인의 개념 없음을 자각하도록 유도합니다.

6. 입만산자 NATO, No Action, Talking Only

지시를 내리면 시원시원하게 대답은 잘합니다. 표정을 보니 정말 해낼 것 같습니다. 하지만 역시나 이번에도 마찬가집니다. 꾸중했더니 또 웃으며 잘 알겠다고 하네요. 팀장은 그 다음까지 약속 받아야 합니다. 최종 목표를 세부 목표로 쪼개서 관리하기로 합니다. NATO 유형의 직원은 작은 행동이 결과로 이어지는 경험을 하지 못했을 가능성이 높습니다. 하나하나가 쌓여 전체를 이뤄가는 기억을 갖도록 이끌어 주시면 좋습니다.

이런 식의 전형적인 타입 100%인 직원은 거의 없을 겁니다. 문제는 복합적으로 튀어나온다는 것입니다. 따라서 말씀드린 대응 방안을 복합적으로 구사해야 합니다. 그리고 절대 혼자 모든 문제를 풀려고 해선 안 됩니다. 팀 내에서 본인과 생각이 통하는 직원이나 상사 등과도 긴밀히 협력할 필요가 있습니다. 마지막으로 가장 중요한 것은 이상한 직원 관리에 올인해서는 안 된다는 것입니다. 시간적 한계를 두고 접근하시길 바랍니다. 여러분께 제일 소중한 자원은 '시간'이니 말입니다.

깨달음으로 이끄는 질문: 팀원과 업무상 이견이 계속됩니다. 해결책이 없을까요?

업무를 시작해서 진행하다 보면 세부적으로 팀장과 팀원 사이에 다른 의견이 발생합니다. 이를 해소하기 위해 소통한다면 상호 리뷰 차원에서 긍정적입니다. 다만, 첫 단계부터 바로 이견이 불거진다면 서로가 같은 방향을 바라보는지 확인해야 합니다. 이런 현상이 반복적이라면 더 큰 문제입니다.

같은 장소에서 A4 한 장씩을 갖고 현재 가장 중요한 일 다섯 가지를 우선순위 순서대로 적어 봅니다. 물론 해당 팀원에게 중요한 일입니다. 그렇게 적고 난 후 교환해서 살펴봅니다. 전체 일을 바라보는 관점과 생각하는 중요도를 체크할 수 있는 좋은 방법이지요. 체크 후에는 팀장이 생각하는 대로 설득과 설명을 진행합니다. 특히 이 방법은 연말 또는 연초, 연간 사업계획과 목표가 잡혀 있는 상황에서 실시하면 효과적입니다. 또한 분기 또는 반기 시작 전에도 좋습니다. 마치 이인삼각 경기에서 발목에 끈을 단단히 조여 매고, 어깨동무해서 출발 선상에 서는 것과 유사하지요. 올바르게 정렬해서 출발해야 넘어지지 않을 것입니다.

함께 보면 좋아요: 〈팀장으로 산다는 건〉 '카리스마 없는 리더가 더 낫다' 62p, '대화는 했지만, 통한 건 아닐지도' 69p, '리더는 일이 아닌 구조를 관리한다' 108p

코칭과 멘토링,
이걸 다 할 수 있나?

"최근 회사에서 다음 달 코칭 교육 과정에 입과 하라는 통지를 받았습니다. 이제 팀원 코칭까지 해야 하나 봅니다."

팀장님 한 분이 푸념 같이 말씀하셨습니다.

"좋은 팀장은 좋은 코치라는 말이 있잖아요? 교육받으시고 코칭을 잘하게 되면 괜찮을 것 같은데요?"

저를 말없이 쳐다보다 무심한 듯 말을 이어갔습니다.

"강사님, 제가 정말 시간이 없습니다. 실무 해야 하고, 관리도 할 일이 태산입니다. 아! 그리고 '멘토링'까지 신경 쓰라고 합니다. 둘이 뭐가 차이가 있는지도 모르겠고…"

순간, 저는 아들이 학원 공부에 대해 불평하던 것이 떠올랐습니다.

"아빠, 영어학원이나 수학학원이나 내가 전체 얼마큼 공부할 수 있는지는 신경 안 쓰고, 자기 과목 숙제만 엄청나게 내준다니까!"

공부하기 싫다는 변명쯤으로 생각했는데, 묘하게 눈 앞의 팀장 상황과 포개졌습니다.

카운슬링 vs. 컨설팅 vs. 코칭 vs. 멘토링

일반적으로 직원에 대한 리더의 관리 접근법은 다음과 같이 구분할 수 있습니다. X축은 의사소통 소재의 시점입니다. Y축은 누가 주도하느냐이고요.

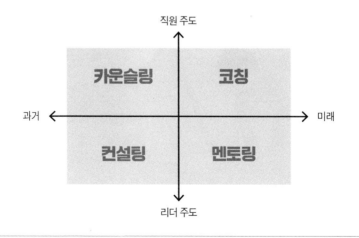

리더의 관리 접근법

우선 '카운슬링'은 '상담'으로 이해하면 됩니다. 자리에서 일하는데, 팀원이 다가와 "팀장님, 말씀드릴 게 있습니다."라고 하는 순간입니다. 자리를 옮겨 얘기를 들어 보게 되죠. 주로 업무상 애로사항이나 건의가 대부분입니다. 물론 개인사와 관련된 사정을 말하기도 합니다. 대부분 시점이 '과거'입니다. 대개 상담을 요청한 팀원이 대화를 주도하게 됩니다.

'컨설팅'의 경우 현재 상황과 인과 관계 분석이 주를 이룹니다. 이를 통해 개선 방향이나 추진 여부를 결정하게 되죠. 많은 팀장님이 '내가 무슨 컨설팅을 해?'라고 반문하실 수 있습니다. 컨설팅은 외부 컨설턴트를 떠올리는 게 당연하게 생각되죠. 다만, 생각해 보면 일상적으로 팀 업무를 처리하는 과정은 컨설팅 방식을 따르는 경우가 대부분입니다. 대표적인 것이 전월 또는 전분기 실적 회의입니다. 이를 통해 실적 약진(부진) 사유 분석과 대책을 마련

용선 경주 장면의 북재비

하게 됩니다. 시점은 과거이고, 실적 책임을 맡은 팀장이 주도하게 되지요.

'코칭'은 미래의 가능성에 주목하는 접근 방식입니다. 코치가 있지만 코칭 대상자인 직원이 주도해야 합니다. 코치는 좋은 질문을 던지면서 직원이 답을 찾아갈 수 있도록 촉진자의 역할만 해야 합니다. 언젠가 홍콩 영화를 통해 봤던 '용선龍船 경주'가 생각납니다. 북을 치며 선수를 독려하는 '북재비'의 역할이 코치와 닮았습니다. '그건 아니잖아!'라는 한마디 말을 내뱉는 순간 코칭 분위기는 사라지고 지시의 순간이 되어 버리고 맙니다.

'멘토링'은 예전의 '사수-부사수' 제도와 비슷합니다. 멘티의 다음 또는 그 다음 단계에 있는 선임자가 일방적으로 알려주는 방식입니다. 배워야 할 업무가 중심이 됩니다. 따라서 시점은 미래이고, 멘토 역할을 맡은 리더가 주도하게 됩니다.

코칭이 현실적이지 않은 이유

앞서 살펴본 바와 같이 코칭의 핵심은 주도권을 상대에게 넘기는 데 있습니다. 이른바 '자생력'을 키우는 것이지요. 따라서 기다려 주는 인내심이 필요한 코칭은 리더의 '시간'과 '에너지'를 엄청나게 요구합니다. 팀장에겐 지금도 부족한 시간과 에너지를 말입니다. 저는 비유적으로 다음 예를 들곤 합니다.

"온갖 장애를 가졌을 뿐만 아니라 삐뚤어진 성격의 헬렌 켈러와 설리번 선생의 이야기를 잘 아실 겁니다. 설리번 선생은 얼마나 많은 어려움을 겪었을까요? 켈러의 폭력성으로 인해 선생은 치아 두 개를 잃기도 했습니다. 수년간 선생의 헌신적인 노력에 따라 켈러는 훌륭한 사회운동가로 성장하게 됩니다. 여기서 질문! 켈러의 부모님은 선생에게 '몇 년 안에 아이를 제대로 고쳐주세요. 그게 안 되면 다른 일자리를 찾아 보셔야 할 거예요.'라고 했을까요? 켈러의 집안은 가정교사를 둘 정도로 상당히 부유했습니다."

이 세상 모든 리더는 자원의 제약이라는 상수를 안고 일하고 있습니다. 이런 현실을 살피지 않고, 리더에게 코치가 되라는 것은 무책임한 주문이라고 봅니다. 설리번 선생의 헌신은 그 자체가 과정이자 목표였습니다. 설사 켈러가 훌륭한 사람이 되지 못했더라도 상태가 약간 나아졌다면 충분히 의미가 있던 것이죠. 이 지점이 '라이프 코칭'과 '비즈니스 코칭'의 큰 차이점입니다. 비즈니스 코칭은 조직의 목표 달성과 떼 놓고는 절대 성립할 수 없습니다. 팀장에겐 만들어 내야 할 성과 목표가 있습니다. 이처럼 **팀장이 가진 부족한 자원과 목표 지향성은 코칭을 다시 생각해봐야 하는 첫 번째 이유가 됩니다.**

둘째, 코칭은 모든 팀원을 대상으로 하면 안 되기 때문입니다.

예전 회사에서 있었던 실화 하나를 소개하겠습니다.

저는 특정 사업부 소속 전략기획팀장이었고, 타 사업부 역시 전략기획팀장이 있었습니다. 업무 능력은 괜찮은데, 미팅만 하면 싸우게 되더군요. 분명한 근거를 가지고 얘기해도 자기 뜻을 절대 꺾지 않았습니다. 점점 그 팀장과는 대화하는 것조차 꺼려졌습니다. 어느 날, 대표께서 수백만 원을 들여 외부 코치를 붙여준다는 소식이 들려왔습니다. 얼마나 지났을까, 코치가 돈을 돌려주며 포기했다는 소식이 들려왔습니다. 이유를 들어 보니 '자신의 과오를 인정하지 않는 사람은 코칭을 할 수 없다'라고 했다더군요.

개인적으로 코칭 해달라는 요청을 여기저기서 받곤 합니다. 금전적 이익을 생각하면 요청을 다 받아야겠지만 양측이 모두 만족하는, 효과 있는 코칭을 위해서 대상자를 먼저 살펴봅니다. 위의 팀장처럼 타의에 의해 코칭을 받으려는 사람, 무슨 말 하나 한번 들어 보자면서 신청하는 사람 등은 정중히 거절합니다. 실제로 본인이 어떤 이슈를 가졌는지 알고 있으며, 개선하고자 하는 의지를 가진 사람만이 코칭의 혜택을 온전히 받을 수 있기 때문입니다.

그렇다면 어떤 팀원에게 코칭을 해야 할까요? 소위 '핵심 인재' 또는 핵심 인재 후보군에 해당하는 사람이라고 봅니다. 적어도 본인을 성찰하고 앞으로 성장하겠다는 마음을 먹은 직원입니다. 이들은 이미 고성과자이거나 잠재성이 높은 인재일 겁니다. 다른 말로 하자면, 코칭은 일을 잘하는 직원을 더 잘하게 하거나, 가능성 있는 직원을 잘하게 하는 리더십 수단입니다. 선택과 집중의 관점이 코칭의 대상을 정할 때도 적용되는 것이지요. 실무적으로 전체 팀원의 10~20%가 팀장이 감당할 만한 코칭 대상의 최대치라고 봅니다.

셋째, 서로를 잘 아는 팀장과 팀원 사이에서 '코칭 미팅' 갖기가 만만치 않습니다.

오전 팀 미팅에서 부진한 실적을 질책하다가 오후엔 코칭 미팅 한다며 '회사에서 어떤 미래를 꿈꾸고 있나'라는 질문을 던지는 게 자연스럽게 다가오진 않습니다. 코치는 답을 얘기하면 안 되는 사람인데 팀원의 대답을 듣고 있으면서 참는다는 게 쉬운 일이 아닙니다. 이처럼 동일한 환경에서 동일한 사람들끼리 소통을, 마치 플러그를 빼서 새로 꽂는 것처럼 하기란 대단히 어렵습니다. 일전 모 그룹사 팀장 그룹 코칭 시에 어느 팀장님은 이와 같은 상황에 동감을 표하면서 '팀을 바꿔서 팀장들이 팀원에게 코칭을 해주면 어떻겠냐'는 제안을 한 적이 있습니다. 오히려 이 방식이 팀장의 코칭 활동에 적합한 방식이라고 생각합니다.

멘토링이 현실적이지 않은 이유

2021년 가을 열 명의 각기 다른 회사의 인사팀장들과 회합을 가졌습니다. 여러 가지 얘기 주제 중 하나는 바로 '사내 멘토링'이었는데요, 돌이켜 보면 대략 7~8년 전에 멘토링 제도가 유행했던 적이 있었습니다. 인사팀장들 회사 대부분에서 관련 제도를 시행했다고 했습니다. 그런데 흥미로운 점은 지금껏 이 제도를 유지하는 회사는 없다는 것이었습니다. 왜 그랬을까요?

첫째, 교육 시스템의 변화입니다.

상당수의 기업은 이제 공통 역량 교육은 온라인을 통해, 전문 역량 교육은 외부 자원을 활용하는 방식을 채택하고 있습니다. 따라서 예전처럼 '옆에 앉혀 두고' 업무를 가르쳐 주는 시절은 점점 옛 얘기가 돼 가는 것이지요.

둘째, 멘토링이 다루지 못하는 '사람' 이슈 때문입니다.

업무 지식이야 가르칠 수 있다 치더라도 직원이 제일 힘들어 하는 부분, 즉 사람에 대해서는 멘토가 효과적으로 지원할 수 없는 상황이 많기 때문입니다. 멘토는 멘티의 선배이지, 스승 같은 경지의 사람은 아닙니다. 멘토 역시 사람 이슈로 고민하는 사람입니다.

셋째, 팀장이 멘토링 하기에는 팀원의 수가 너무 많아졌습니다.

스타트업이나 중소기업을 제외하고 제조 기반의 중견기업 이상 대기업의 팀원 수는 대개 15~25명쯤 됩니다. 35명 팀원을 두고 있는 팀장님도 봤습니다. 이럴 경우 팀장이 멘토로 나서는 것은 불가능한 일입니다.

현실적 대안을 팀장에게

이상과 같이 코칭과 멘토링의 한계와 제약사항에 대해 말씀드렸습니다. 그렇다고 활용할 가치가 없는 것은 아닙니다. 달라진 환경 하에 있는 팀장에게 가장 효율적인 방향을 찾는, 생각의 전환이 필요합니다.

만약 10명의 팀원을 가진 팀장이라면, 한두 명 정도의 부팀장을 둡니다. 부팀장은 팀장의 일상 업무를 지원해주는, 장차 팀장 재목입니다. 이 같은 구조라면 팀장은 부팀장을 코칭하고, 부팀장은 신입 또는 연차가 오래지 않은 직원을 멘토링 하는 구조가 효과적입니다.

팀장이 전문적인 코치나 멘토가 될 필요는 없습니다. 필요한 상황에 필요한 내용을 가져와 쓰면 될 일입니다. 특히 코칭 기술의 활용 정도와 빈도를 높여야 합니다. 자세한 팁은 다음 장에서 말씀드리겠습니다.

TIP

깨달음으로 이끄는 질문: 시간과 에너지 모두 부족함을 느낍니다. 어떻게 해야 좋을까요?

팀장이 되고 나서 들은 조언 중에 '시간 관리를 잘하라', '체력을 키우라'는 말이 있습니다. 중요한 충고이며, 실제 성공한 리더 대부분이 꼽는 성공 비결입니다. 저는 거기에 '자원의 제약을 인식하고, 한계를 설정하라'는 말씀을 더 하고 싶습니다.

팀장으로 승진하면 자신감과 공명심에 자신의 페이스를 넘는 선택을 하곤 합니다. 하지만 특정 업무나 팀원에 대해 개선을 위해 한없이 노력할 수 없습니다. 따라서 일과 사람에 있어서 본인이 할 수 있는 범위와 시간을 정합니다. 반복적인 노력에도 개선이 되지 않는 사안과 사람에 대한 '포기'를 결단해야 합니다. 그것이 당장의 후퇴이자 좌절인 듯하나 실로 내일을 위한 준비입니다. 리더의 길은 단기 레이스가 아니라 아주 먼 장기 여정임을 인식해야 합니다. 아울러 자신을 위한 시간과 기력을 남겨 둬서 반성과 복기를 할 수 있도록 여유를 가져야 합니다. 이는 일과 가정이 양립할 수 있는, 가족을 위한 관심과 배려를 의미합니다.

함께 보면 좋아요: 〈팀장으로 산다는 건〉 '귀찮은 연례행사가 돼 버린 인사평가' `55p`, '목표 달성을 위한 현실적 대안' `117p`, '이제 나보고 꼰대라 한다' `170p`

성과와 맞물린
팀 미팅과 1on1 면담

성과는 크게 업적과 역량으로 구분됩니다. 평가 역시 이 두 가지 부분으로 진행되는 것이 일반적입니다. 물론 역량을 근무태도 평가로 대체하는 곳도 있으며, 최근에는 역량 평가의 경우 평가보다는 진단이나 지원의 방식으로 전환하는 사례가 늘고 있습니다. 역량이 업적 성취에 근간이 되는 만큼 팀장 입장에서는 중요한 관리 포인트가 됩니다. 다만, 업적 성과와 역량 성과의 지향하는 바는 차이가 있다는 점을 꼭 알아야 합니다.

업적은 주로 과거 또는 현재 시점입니다. '이번 달에', '이번 분기에', 최근이라고 해봤자 '올해에' 해당하는 성과입니다. 단기간이며, 즉각적인 면모를 가지고 있습니다. 이에 비해 역량은 현재 또는 미래 시점입니다. '다음에는', '앞으로'라는 말과 함께합니다. 업적보다는 장기적이며, 가능성에 초점을 맞춥니다. 이런 특성을 고려하여 다음과 같이 소통 방식과 연결해 봤습니다.

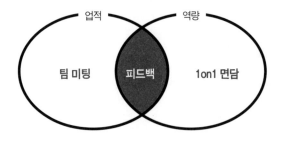

성과 영역과 소통 방식의 연결 @김진영

업적을 점검하는 방식으로는 '팀 미팅'이 적합합니다. 앞서 말씀드린 대로 팀장의 미팅 진행은 대개 '과거'를 소재로 하며, '분석'을 위주로 한다는 측면에서 컨설팅과 매우 흡사합니다. 역량을 점검하는 방식으로는 '1on1 면담'을 활용합니다. 이렇게 둘을 구분하는 이유는 바로 업적과 역량의 시점과 관점이 상이하기 때문입니다. 어느 회사에서 월간 미팅에서 둘 다 논의한다고 가정해보죠. 전월 실적이 매우 저조하게 나왔습니다. 상사의 질책이 쏟아집니다. 분위기는 얼어붙습니다. 대책을 내놓으라는 재촉이 이어집니다. 그렇게 업적 세션은 끝나고, 역량 세션이 시작됩니다.

"자, 이제 직원들 능력 얘기를 해볼까?"

이렇게 바로 얘기가 나올 수 있을까요? 쉽지 않을 겁니다. 잘못하면 둘 다 모두 논의를 망칠 수 있습니다. 확실히 분리해서 취급하는 것이 효과적입니다.

팀 미팅을 위한 팁

첫째, 우선 덜어낼 것이 없는지 살펴봐야 합니다.

군이 모여서 하지 않아도 되는 공지나 전달 사항은 메일이나 메신저를 통하도록 하고, 회의는 서로의 의견을 나누는 자리로 진행합니다. 회의 석상에서 10분을 허비하면 그것은 10분이 아니라 팀원 수를 곱해야 함을 명심합니다.

둘째, 시작은 이전 회의의 관련 내용을 복기하는 것에서 출발합니다.

회의는 단절된 것이 아니라 매듭으로 이어진 줄이라고 보는 것이 좋습니다. 따라서 연결되는 링크를 잡아야 다음 매듭을 기약할 수 있겠지요. 팀장이 바쁜 경우를 대비해서 선임 팀원 중에 이런 역할을 담당하도록 하는 것이 좋습니다.

셋째, 워밍업 시간을 짧게 갖습니다.

대개 팀 미팅에 참석하는 팀원은 긴장하기 마련입니다. 두뇌는 긴장하면 위축되고 움직임이 둔화합니다. 아이디어가 잘 나오질 않는 상태가 돼버리죠. 예전 어느 야구선수에게 들은 일화입니다. 투수였는데, 경기가 잘 풀리지 않았다고 합니다. 작전 타임이 신청되고 코치가 마운드로 다가오는 순간 생각했답니다. '아… 엄청나게 혼나겠네.' 코치는 대뜸 이렇게 물었다고 합니다.

"너 오늘 점심은 뭐 먹었냐?"

아주 생뚱맞은 말이었습니다. 그런데 잠시 멍하다가 정신이 번쩍 들었다고 합니다. 그리고 투구에 집중할 수 있었다고 들었습니다. 사적인 이야기를 서로 잠시 하면서 굳은 머리에 신선한 바람을 불어넣은 것입니다. 물론 최대 10분은 넘지 않도록 합니다.

넷째, 의견이 많이 나오도록 유도합니다.

처음부터 판단하지 않아야 합니다. 그러기 위해선 인내심이 요구됩니다. 제가 아는 한 팀장님은 팀원들의 발언 중에 말하지 않으려고 다이어리에 '참을 인忍' 쓰면서 버텼다고 합니다. 물론 질문을 해도 답이 없는 경우도 있습니다. 이럴 경우에는 대답을 당장엔 기대하지 말고, 시간을 갖고 준비하도록 하는 것이 좋습니다.

다섯째, 맥락을 짚고, 모호한 내용을 규명합니다.

논의를 진행하다 보면 분명 삼천포로 빠지는 순간을 맞이합니다. 가지를 치다 보면 어느 뿌리에서 나왔는지 아무도 모르게 되지요. 이럴 경우 팀장의 역할이 중요합니다. 아울러 애매한 표현을 구사하는 팀원에게는 진의를 물어 확인하도록 합니다.

1on1 면담을 위한 팁

업적은 개인 영역과 집단(팀) 영역에 걸쳐 있지만, 역량은 주로 개인 영역에 집중되어 있습니다. 이 점은 팀 회의에서 역량을 체크하는 것이 적당치 않은, 또 하나의 이유가 됩니다. 역량은 개별 면담을 통해 협의하는 편이 효과적입니다.

첫째, 논의할 항목을 정해 두고 준비합니다.

1on1 면담의 효과성에 대해서는 아무도 부인하지 않습니다. 하지만 팀장의 부족한 시간을 생각하면 한숨이 나옵니다. 제조업종의 팀원 수는 15~25명이 일반적입니다. 하루 한 시간만 잡아도 한 달이 그냥 가 버립니다. 주로 논의할 내용은 다음과 같습니다.

- 역량 발전과 관련된 사항 (목표 대비 진척도 등)

- 현재 업무를 추진하면서 느끼는 애로사항과 지원 요구 사항

- 본인의 커리어 패스와 관련된 사항

- 기타 시급한 사항

이와 같은 내용에 대해 1on1 미팅 전날까지 '메일'로 보내도록 합니다. 팀원 입장에서는 사전에 생각할 기회를 가지며, 팀장 입장에서는 시간을 절약할 수 있습니다.

둘째, 실행 주기와 면담 시간을 정합니다.

현실적으로 격주에 한 번 진행을 권장합니다. 매주 진행하면 좋겠지만, 팀장의 시간은 부족합니다. 그렇다고 한 달에 한 번으로 하면 사람의 기억력이 뒷받침해 주지 못합니다. 그리고 대략적인 면담 시간을 합의하는 것이 좋습니다. 대략 20~30분 이내가 적당하다고 봅니다.

셋째, 반드시 기록을 남깁니다.

1on1 면담의 결론부는 주로 미래와 관련한 의지와 약속입니다. 따라서 앞으로의 실행을 꾸준히 모니터링하는 것이 필요합니다. 이를 위해서 기록이 필요합니다. 복잡한 양식은 필요 없으며, 내용만 간략히 정리한 후 두 사람이 공유하면 됩니다. 기억보다는 기록을 믿길 바랍니다. 시간이 없다면 녹음하는 것도 방법입니다.

넷째, 코칭의 기술을 적극적으로 활용합니다.

1on1 면담은 팀원의 역량 개발이 주된 화두이며, '미래의 가능성'에 투자하는 활동입니다. 따라서 리더가 대안을 제시하기보다 팀원의 생각을 듣는 것이 중요합니다. 이는 마치 코칭의 기술과 유사합니다. 팀장은 좋은 질문을 던지는 역할에 집중합니다. 이런 질문들입니다.

- 앞으로도 똑같은 상황이 발생한다면 어떻게 할 겁니까?

- 예전에 처음 이 직책을 맡았을 때의 각오를 상기해 보면 어떤 느낌입니까?

- 다른 조직일 경우에도 이런 결과가 초래됐을까요?

- 당신이 팀장이라면 어떤 판단을 했을까요?

- 다른 사람이 비슷한 행동을 한다면 어떤 생각이 들었을까요?

이는 피드백을 할 때도 활용할 수 있습니다. 치열하게 다투는 이슈에서 잠시 벗어나 가정을 통해 사고의 환경을 달리해서 새로운 관점에서 바라보게 하는 방법이지요. 이를 위해서 시간과 장소, 그리고 사람을 달리해서 사고하도록 권해 봅니다. 피드백에 대한 자세한 말씀은 다음 장에서 이어집니다.

TIP

깨달음으로 이끄는 질문: 절대평가를 도입하는 기업이 많아집니다. 현재의 상대평가를 바꾸는 게 상책일까요?

상대평가의 단점은 기본적으로 사람을 정규분포 안에 두고 평가한나는 것입니다. 사람들의 업적과 역량의 차이가 크지 않음에도 기계적으로 적용하는 데서 직원들의 낮은 수용도를 초래합니다. 또한 비교 집단 내에서 서열화가 이뤄지기 때문에 직책 또는 직급이 비슷한 직원끼리 협업보다는 경쟁을 심화시킬 수 있습니다. 이런 부작용 때문에 여러 기업에서 절대평가로의 전환을 결행했으며, 고심하고 있습니다.

다만, 평가방식 전환에 앞서서 준비할 것이 많습니다. 우선 절대기준 설정 등 제도 정비가 필요합니다. 아울러 구성원 설득과 협의가 권장되지요. 최소 1~2년 정도의 준비 시간이 소요되며, 실행에는 전면적 보다는 단계적 접근을 추천합니다. 섣불리 도입했다가 다시 예전의 상대평가로 돌아가는 회사를 여럿 봤으니 신중에 신중을 기할 이슈라고 봅니다.

함께 보면 좋아요: 〈팀장으로 산다는 건〉 '회의가 회의스러운 이유' 78p, '신박한 아이디어 창출법' 97p, '목표 달성을 위한 현실적 대안' 117p

피드백의
일반 원칙

"그냥 잔소리를 조용한 데서 하는 거 아닌가요?"

"회의 때 했던 지시를 자세히 풀어서 다시 말씀하시더라고요. 특별하게 의미를 두진 않았습니다."

"말해 보라고 해서 말하면 받아들여지는 건 없고, 찍히는 분위기예요. 그래서 이젠 듣기만 하고 있습니다."

피드백에 대해 어떻게 생각하는지 직원들에게 물었을 때 들었던 대답 중 일부입니다. 대부분 리더의 지적을 받는 자리로 인식하고 있더군요.

피드백의 유형

앞서 살펴본 바와 같이 팀 미팅과 1on1 면담의 경우 정기적으로 실행되는 것이지만, 피드백은 즉각적으로 대응이 필요한 이슈에 다루기 때문에

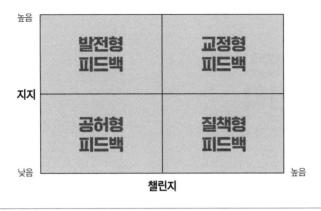

피드백의 유형 2X2 매트릭스 @김진영

수시로 발생할 수 있습니다. 또한 주제는 업적과 역량 모두를 커버할 수 있습니다.

다음은 피드백의 네 가지 유형은 '지지'와 '챌린지'라는 두 축으로 구분해 본 것입니다. '지지'는 대상자에 대한 리더의 마음가짐으로 얼마나 해당 피드백의 주제에 찬동하느냐를 나타냅니다. '챌린지'는 대상자에 대해 리더가 바라는 정도의 양을 말합니다. 챌린지가 세게 들어갔다는 것은 대상자에게 기대하는 바가 크다는 것을 의미합니다. 잘못을 지적하고 개선을 요구하는 것으로 생각하면 됩니다.

1. 교정형 피드백 (챌린지 高, 지지 高)

'피드백' 하면 제일 먼저 떠올리는 유형입니다. 챌린지 수준이 높기 때문에 대상자는 수정하고 보완해야 하는 사항이 있습니다. 이는 태도나 행동의 변화를 의미합니다. 리더는 높은 지지를 통해 변화를 끌어내야 합니다.

'당신을 믿고 있다', '개선을 위해 내가 뭘 도와줬으면 좋겠나' 등을 말하면서 대상자의 동기를 자극합니다.

2. 발전형 피드백 [챌린지 低, 지지 高]

많은 리더가 '해야지, 해야지' 하면서 잘하지 못하는 피드백 유형입니다. 칭찬할라치면 왜 이리 낯이 간지러운지 모르겠습니다. 많은 피드백 교육과 도서가 첫 번째 피드백인 '교정형 피드백'에 집중돼 있지만, 저는 '발전형 피드백'이 보다 중요하다고 봅니다. 교정은 사람을 변화시키는 것입니다. 그것이 얼마나 어려운 일인가는 다 아는 부분입니다. 따라서 잘하는 팀원을 좀 더 잘하게 하는 것이 수월하고 현실적입니다. 발전형 피드백은 귀감이 될 만한 태도나 행동의 확대 재생산을 의도합니다. 이때 순간적이지만 리더와 대상자는 파트너십 관계가 됩니다. 지원을 베풀고 받는 관계가 아니라 높은 차원의 성과를 위해 서로 고민하고 돕는 모습이 그렇습니다.

3. 공허형 피드백 [챌린지 低, 지지 低]

유형으로 분류는 했으나 정상적인 상황에서는 하지 말아야 할 피드백입니다. 대상자를 힐난하거나 조롱하는 경우가 대표적입니다. 이런 피드백은 아무것도 기대할 수도, 이룰 수도 없습니다. 물론 '오늘은 조롱을 좀 해줘야겠다!'며 피드백 미팅에 임하는 리더는 없을 겁니다. 자신의 피드백 중에서 대상자의 감정을 상하게 하는 언급이 나오지 않는지 살펴야 할 것입니다.

4. 질책형 피드백 (챌린지 高, 지지 低)

많은 리더가 꾸중이나 질책해도 되는지 궁금해합니다. 저의 예전 상사들은 불행히도 '질책형 피드백'을 주로 줬던 것 같습니다. 정황상 교정형 피드백인데, 결국엔 제가 다 알아서 잘하라는 식이었고, 칭찬은 두루뭉술한 경우가 대부분이었지요. 그래서 질책형 피드백이라고 하면 부정적인 생각이 먼저 들곤 했습니다. 저는 질책이나 꾸중이 쓸모가 없다고 생각해서 최대한 자제했습니다. 하지만 상황에 따라 제한적으로는 효용성을 가진다고 봅니다. 다음과 같이 실행한다면 말입니다.

첫째, 교정적 피드백을 여러 차례 진행한 후에 질책합니다.

아마도 감정이 격한 상태에서 질책할 경우가 많을 겁니다. 감정이 드러나게 되면 리더의 진의를 왜곡하고 상대의 반발심을 자극하게 됩니다. 따라서 교정적 피드백을 건넨 후에도 뚜렷한 개선이 되지 않을 경우로 한정합니다. 또한 질책할 경우 같은 내용으로 피드백이 계속됐음을 상기시킵니다.

둘째, 팀장이 생각하는 결론을 제시합니다.

잘못된 부분을 지적하는 것 외에도 (이미 교정적 피드백이 진행됐기에) 팀장이 기대하는 행동에 대해 분명하게 언급합니다. 이제는 마지막으로 팀장이 원하는 대로 움직여 줘야 한다는 점을 확실하게 인식시킵니다.

셋째, 혹독한 표현은 삼갑니다.

이를 위해 질책하기 전에 팀장은 잠시 시간을 갖고 마음을 진정시킬 필요가 있습니다. 아울러 질책의 어조는 단호하지만, 상대를 너무 몰아붙이는 방식은 지양합니다. 가급적 피드백의 시간도 짧게 진행하길 권장합니다. 질책 역시 가능성이 남아 있는 상대에게 하는 것이기 때문입니다.

넷째, 장소에 주의를 기울입니다.

질책의 내용이 틀리지 않다고 해도 대상자의 감정에는 동요를 일으키기 마련입니다. 여러 사람 앞에서 혼을 내는 것은 다른 이들의 주의를 끌게 되어 좋지 않은 영향을 주게 됩니다. 가급적 단둘이 있는 공간에서 진행하길 권합니다.

피드백의 프로세스, SBIT

피드백은 대화의 기술입니다만, 가급적 단계별로 진행하는 것이 바람직합니다. 그래야 빠진 내용 없이 상대를 설득하기 용이하기 때문입니다. 아울러 감정을 배제하고 진행하는 데도 큰 도움이 됩니다.

피드백은 '상황Situation'을 언급하며 시작합니다. 피드백 하게 된 상대방의 행동과 관련된 상황입니다. 당연히 대면하게 된 이유와 연결되는 배경이 되며, 소통하는 분위기를 조성하는 데 도움이 됩니다.

다음은 대상자의 '행동과 태도Behavior'에 대해 말합니다. 중요한 것은 사실관계에 근거해서 객관적인 사항을 위주로 얘기한다는 것입니다. '당신이 어떻게 그럴 수 있어?', '그럴 줄은 꿈에도 몰랐어.', '그동안 교육받은 건 다 잊어 먹은 거야?' 등과 같이 개인의 감정이나 주관이 들어가면 상대방의 수용을 끌어내기 어렵습니다. 아울러 사실관계에 대해 두 사람이 다르지 않

Step 01 Situation (상황)	Step 02 Behavior (행동)	Step 03 Impact (영향)	Step 04 Tomorrow (미래)
주제와 관련된 상황	**대상자의 행동과 태도**	**행동이 가져올 영향**	**이제 어떻게 할 것인가**
- 특정 행동과 관련된 상황(당신이 얘기하고 싶은) - 피드백의 맥락을 설명	- 피드백의 주제가 되는 구체적인 행동	- 대상자의 행동이 끼칠 영향 - 긍정적 또는 부정적 여파	- 개선 또는 강화를 위한 실천 방안 도출 및 합의

피드백의 4단계 프로세스

게 인식하는시 확인한 후에 다음으로 넘어집니다.

'영향Impact' 단계에서는 대상자의 행동이 불러올 영향에 대해 말합니다. 본인의 잘못을 개인적 차원으로 국한해서 생각하는 직원이 의외로 많습니다. 좁게는 팀, 넓게는 사업부 또는 회사 차원에서 어떤 영향을 주는지 확실하게 말하고, 동의를 구해야 하는 편이 좋습니다.

마지막 '미래Tomorrow' 단계에서 앞으로의 활동 계획에 대해 상의하고 합의합니다. 이 시점에서 앞 장의 1on1 면담처럼 '코칭의 기술'을 활용하여 좋은 질문을 던지는 것이 효과적입니다.

좋은 피드백을 주는 리더의 조건

피드백은 자주 일어날뿐더러 업적과 역량, 즉 과거와 미래 모두가 소재가 되는 행위입니다. 따라서 팀장의 입장에서 면밀한 준비가 필요합니다.

	Situation (상황)	Behavior (행동)	Impact (영향)	Tomorrow (미래)
발전형 피드백	"지난 번 클라이언트 미팅에서 말이죠…."	"김 과장은 우리 의견을 공유하는 것과 그들의 의견을 청취하는 것 사이에 균형을 잘 맞췄습니다."	"클라이언트는 우리가 그들의 니즈를 정확하게 이해하고 있다고 말했습니다. 수주에 좋은 영향을 줄 것 같습니다. 훌륭합니다."	"클라이언트와 소통에 있어 좋은 수준을 유지하는데 다른 좋은 방법이 있을까요?" "…."
교정형 피드백	"이번에 본부장님께 김 과장님이 보고했을 때 말입니다…."	"보고가 끝날 때까지 본부장님 질문을 받지 않았죠."	"본부장님이 언짢은 기색이 역력했습니다. 본부장님이 우리 직속 상사는 아니지만, 조언자신데 우리 프로젝트에 안 좋은 영향이 있을 수 있습니다."	"보고 시에 어떤 태도를 취하는 게 보다 긍정적인 반응을 끌어낼 수 있을까요?" "…."

발전형, 교정형 피드백 예시

- **세심한 관찰** 직원의 행동에도 여러 원인이 있을 수 있습니다. 우리는 같은 행동을 두고도 '저거 봐, 또 실수했네', '일하다 보면 그럴 수도 있지'라고 다르게 반응하곤 합니다. 여러 각도에서 행동의 원인을 살펴야 합니다.

- **명확한 전달** 불편한 상황을 모면하기 위해, 또는 완곡한 표현을 한다는 이유로 빙빙 돌려서 말하곤 하는데, 오해를 불러일으키기 십상입니다. 피드백이 정확히 이뤄져야 후속되는 활동이 기대처럼 진행됩니다.

- **성장 마인드셋** 대상자에게 피드백하는 의미를 상기합니다. 궁극적으로 잘한 점은 더 잘하도록 하고, 못한 점은 고치도록 하는 게 피드백의 목적입니다. 따라서 상대가 교정되고 발전할 수 있다는 믿음을 갖고 임해야 합니다. 실제로 비슷한 학력을 가진 두 그룹의 학생을 맡기면서 한 명의 선생에겐 '아주 공부를 잘하는 학생들'이란 얘기를 해줬습

니다. 1년 후 해당 그룹의 학력 수준은 눈에 띄게 향상됐다고 합니다.
팀장의 기대 수준이 팀원의 성과에 지대한 영향을 끼치기 마련입니다.

- **자기 통제** 피드백은 상대방을 심판하거나 판정하는 자리가 아닙니다.
피드백을 주는 리더 자신이 더 똑똑하다는 우월감을 갖는 것은 절대
금물입니다.

깨달음으로 이끄는 질문: 알아서 일 잘하는 팀원에 대한 피드백은 필요 없지
않나요?

드물지만 팀장의 뜻에 따라 일을 척척 해내는 팀원이 있습니다. 다급한 일에 쫓기
는 팀장 입장에서 매우 고마운 사람입니다. 서로의 신뢰 관계가 쌓였다고 생각해
서 편하게 맡깁니다. 정확히는 그냥 놔둡니다. 자존심이 센 직원이니 간섭을 안 하
는 게 좋을 거라 생각마저 듭니다. 이럴 경우 시간이 지나면서 문제가 생기기 시작
합니다. 우선 자신이 선호하는 일을 골라 하면서 무리를 지어 파벌을 형성할 수 있
습니다. 마치 팀장에 버금가는 사람이 된 것처럼 말입니다. 거기까지 안 나가도 팀
장의 관심에서 멀어진 탓에 동기를 높이 유지할 수 없습니다. 따라서 가끔 '지지적
피드백'을 통해 팀장의 뜻을 알게 해야 합니다. 현실상 팀장의 관심은 불평불만이
많은 팀원에게 향하게 마련입니다. 하지만, 팀의 실적은 묵묵히 자기 일을 해주는
팀원에게 나오는 법이지요. 양이나 염소를 들판에 방목할 때도 주위에 목책을 치
고 감시견을 둔다는 것을 잊지 마시기 바랍니다.

함께 보면 좋아요: 〈팀장으로 산다는 건〉 '귀찮은 연례행사가 돼 버린 인사평가' `55p`,
'대화는 했지만, 통한 건 아닐지도' `69p`

모두가 꺼리는
평가 결과 피드백

"평가 결과의 개별 통보는 금요일 오후 다섯 시 반에 메일로 보냅니다. 그래야 항의 전화를 안 받고 주말로 넘어갈 수 있거든요."

인사 평가와 관련한 어느 공공기관 인사팀장의 말입니다. 인사팀과 현업팀 모두 신경이 곤두서는 때가 바로 평가 결과가 전해지는 시점입니다. 대략 연초 2, 3월쯤이 되겠지요. 얼마나 그 순간을 회피하고 싶었으면 금요일 퇴근 전에 통보하겠습니까! 실상 결과에 대한 피드백을 의무적으로 강제하지 않는 조직도 적잖습니다. 서로 편한(?) 방법을 찾은 것이지요. 그런 조직의 경우 평가 결과가 통보되고, 연봉이 조정될 때까지 분위기가 가라앉아 있는 것을 쉽게 발견할 수 있습니다.

평가 결과와 피드백

대략적으로 업적 평가와 역량 평가 모두 우수한 결과를 받은 A 타입을 제외하고는 교정형 피드백 유형에 해당합니다.

평가 결과에 따른 피드백 적용 @김진영

1. A 타입 (발전형 피드백)

특별히 피드백해 줄 게 없어 보입니다. 칭찬만 하면 될 것 같은 유형입니다. 한 가지만 확인이 된다면 그럴 수 있습니다. 업적과 역량 사이에 직접적인 연계가 되었는지 하는 것입니다. 실제로는 역량 평가를 근무 태도 평가로 이해하는 조직이 많습니다. 해당 직무에 대한 자세한 분석(업무 기술 - 필요 역량 도출)이 부족해서 발생합니다. 연관성이 떨어진다면 다음 번 실행과 평가를 위해 협의하는 것이 필요합니다.

실적과 역량의 훌륭함에 대해 칭찬해 줍니다. 여기서 중요한 것은 구체적인 사항을 들어서 하는 것입니다. '잘했습니다.', '올해도 큰일 했습니다'

라고만 하지 말고, 어디 부분을 잘했는지, 어떤 큰일을 했는지 구체적으로 얘기해 줍니다. 팀장과 팀원 간의 의견 차이는 없는지도 확인합니다.

A 타입 직원은 잘하는 부분을 더 잘하도록 이끄는 게 피드백의 핵심입니다. 성과 달성에 대한 팀 차원에서의 의미를 부여하고, 올해 성과 전망에 기대감을 표시하면서 마무리합니다.

2. B 타입 (교정형 피드백 ①)

피드백 사전에 체크가 필요한 유형입니다. 역량은 낮은 것으로 판단됐는데, 업적은 높게 나왔으니 말입니다. 일시적인 현상인지, 단순한 운 때문인지 등을 판단해야 합니다. 아울러 역량 기준에 대해 살펴봐야 합니다.

대상자와 마주하면 좋은 업적을 거둔 이유가 무엇인지 묻고, 팀장이 준비했던 내용과 비교해 봅니다. 또한 역량 부진에 대한 인정 여부와 그 이유를 파악하는 것이 중요합니다.

B 타입 직원은 이번 해에도 높은 업적을 유지하는 게 피드백의 핵심입니다. 낮게 나온 역량을 보완할 방법을 협의하고, 그를 위해 지원을 아끼지 않겠다는 팀장의 의사를 밝히면서 마무리합니다.

3. C 타입 (교정형 피드백 ②)

아마도 평소에 이슈가 있어 마음이 쓰이는 유형입니다. 피드백에 앞서 두 가지를 재차 확인합니다. 일하는 방식과 동기 상태에 이슈가 없는지 여부입니다. 피드백 시에도 이 두 가지가 논의 거리가 됩니다.

본인의 생각과 의사를 확인해야 합니다만, 서로 알고 있는 것 외의 사항이 있는지를 확인하는 것이 중요합니다. 아울러 평소에 팀장에게 서운한 점이 없었는지도 확인하는 기회로 삼습니다.

C 타입 직원은 낮은 동기를 올리는 게 피드백의 핵심입니다. 물론, 몇 해 동안 이런 상태가 지속됐다면 다른 인사 조치가 필요할 수 있습니다.

4. D 타입 (교정형 피드백 ③)

기초 체력을 갖고 있으나 업적이 낮아 이를 미리 고민할 필요가 있습니다. 이 같은 현상이 일시적인지, 구조적인지를 살펴야 합니다. 또한 훌륭한 역량이 업적으로 이어지지 않은 이유를 생각합니다.

결과로서의 업적을 만들어내는 데 장애요인이나 제한이 있는지 확인하고, 해당 사항에 지원과 기대감을 표하는 것으로 피드백을 종료합니다.

D 타입 직원은 가능성을 결과로 이끄는 것이 피드백의 핵심입니다. 가능성이 있는 직원인 만큼 팀장의 자원을 집중하는 것이 주효한 수단이 됩니다. 평가 피드백 이후에도 상황을 점검하고 지원하는 미팅을 이어가는 것을 권장합니다.

불만에 대한 피드백

"팀장님, 제 평가 결과가 왜 B등급이죠? 과장 중에선 실적이 우수한 편이었는데 말이죠. 평가 결과에 대해서 이해를 못 하겠습니다. 자리를 만들어주시면 말씀 나누고 싶습니다."

최 과장이 이메일로 면담을 요청합니다. 정말 불편하고 난처한 상황입니다. 팀장은 평가 기준에 따라 결과를 줬고(2차 평가자도 그렇게 했겠지요), 등급별로 인원이 정해진 탓에 어쩔 수 없이 배분할 수밖에 없는데 말입니다.

대면하기 전, 평가 제도에 대해 직원들의 숙지 상태를 되짚어 봅니다. 사실 평가 제도만큼 불만족이 높은 사내 제도가 없을 겁니다. 그래서 많은 조직에서는 정교한 구성을 추구하게 되는데요, 그러다 보면 최종적으로는 이해가 어려운, 복잡한 제도가 나옵니다. 제도의 기준은 최대한 단순화시키고, KPIKey Performance Index, 주요성과지표는 최대 다섯 개를 넘지 않는 것이 좋습니다. 이런 점을 지금이라도 성찰해야 내년에 제2, 제3의 최 과장이 나오지 않겠지요.

피드백 미팅의 시작은 결과에 대해 느끼는 감정에 공감을 표시하면서 시작합니다. 심정적으로 불공정하다는 생각을, 서운한 마음을 가질 수 있다는 것을 인정하는 것입니다. 그런 후 불만의 이유를 말하게 합니다. 또한 기대했던 결과에 대해서도 듣습니다. 중요한 것은 설득하는 것이 주목적은 아니라는 것입니다. 평가 제도상에 하자가 없다고 하면 그런 평가는 정당했거나 불가피했을 겁니다. 즉, 팀장 입장에서 뭘 해줄 수 있는 게 없다는 말이 됩니다. 따라서 미팅을 가급적 길게 끌지 않고 종료하는 것이 바람직합니다. 불만 있는 팀원에게 던질 몇 가지 질문을 준비하는 것은 매우 중요합니다.

"내가 아닌 다른 동료가 당신의 실적을 평가했다면 어떤 등급을 줬을까요?"

"다음 평가 때 향상된 등급을 받으려면 어떤 활동을 해야 할까요?"

불만을 누그러뜨리려고 '올해 실적 평가 때 고려해보겠다', '다른 부분(?)에서 보상하겠다'라는 식의 무마책은 절대 금물입니다. 다음 평가를 하기도 전에 이미 평가의 원칙을 리더 스스로 훼손하는 꼴이니 말입니다. 팀원 입장에서도 평가 제도 안에서 분발하는 동기를 끌어낼 수 없게 만들 뿐만 아니라 공정성 측면에서 또 다른 문제를 촉발하게 됩니다.

깨달음으로 이끄는 질문: 평가 결과 피드백 후에는 무얼 해야 할까요?

피드백은 과거를 소재로 미래를 기약하는 것이 핵심입니다. 하지만 현실에서는 과거 행동에 관한 얘기를 나누고, 인정하고, 그저 '잘하겠습니다', '잘합시다'며 끝맺는 경우가 많습니다. 왜냐면 거기까지 신행하기도 무척 어렵거든요. 빨리 종료하고 싶은 유혹이 급습합니다. 힘들지만 여기서 한 발자국 더 떼야 합니다. 앞으로 잘하겠다고 말한 걸 구체화하는 것입니다. 실행 아이템을 잡고, 언제까지 완료할지 시한을 정합니다.

이런 후 실행 단계로 접어들면 주도권을 대상자에게 넘깁니다. 리더는 도와주는 역할로 전환합니다. 우리가 알고 있는 피드백이 아니라 '피드 포워드'로 바뀌게 됩니다. 미래를 소재로 한다는 점, 대상자가 주체가 되는 점이 피드백과 다릅니다. 형식, 시기 등도 대상자가 정하도록 합니다. 일반적으로 피드백은 대상자를 수동적으로 만드는 경향을 가지고 있습니다. 물론 성장 가능성이 있고, 의욕과 동기를 가진 직원에게만 효과를 기대할 수 있는 방법입니다. 코칭의 기술과도 맞닿아 있습니다.

함께 보면 좋아요: ⟨팀장으로 산다는 건⟩ '귀찮은 연례행사가 돼 버린 인사평가' `55p`, ⟨대화는 했지만 통한 건 아닐지도⟩ `69p`

일잘 팀장은
상사와 껄끄럽다

'회사에 간다는 것은 상사를 만나러 가는 것이다.'

웹툰 〈미생〉 중에서

팀장이 겪는 고민을 듣습니다. 주로 성과, 조직, 인력 관리 부분인데요, 안면을 트고 얘기를 좀 더 나누다 보면 많은 팀장님이 '상사'와 문제를 말씀 하십니다. 사실 팀원은 내가 어떻게 해볼 여지와 운신의 폭이 상대적으로 크지요. 하지만 상사는 나의 통제 밖의 사람입니다. 그래서 회사는 고를 수 있어도, 상사는 고를 수 없다는 말이 있는 것입니다. 또한 퇴사는 상사를 떠나는 것이라고도 하지요.

"저는 15년 이상 경력을 쌓아 팀장이 됐는데 전무님은 별 게 아니라고 하 십니다. 제가 봐선 전무님 생각이 굉장히 구년묵이로 보이는데요."

"본부장님께 먼지 확인받고 나서 전무님께 보고 중에 제가 깨지는데 본부장님은 뒷짐만 지고 계시더군요."

"다른 팀과 같은 내용으로 보고했는데, 우리 팀만 까였어요."

팀장님들은 의사소통의 방식에 문제가 있지 않나 생각하고 있었습니다. 그래서 말하는 수단과 태도에 대해 살펴봐 달라는 요청이 상당했는데요. 어떻게 대응할지를 골똘히 파고들다 문득 팀장님들의 한 가지 공통점을 발견했습니다. 대부분이 '일 잘하는 팀장'이라는 것입니다. 더 정확히 표현하자면, '자기 판단에 확신이 강하다'는 것이었습니다.

확신과 확신의 충돌

제가 경험한 상사 중 상당수는 자기 주장이 강한 사람이었습니다. 왜 이럴까 싶다가도 한편으론 성과 스트레스가 상당한데 자기애마저 없으면 어떻게 버티나 생각이 듭니다만, 이것이 심해지면 자신의 판단을 '절대 옳음'으로 인식하는 편향이 발생합니다. 그와 반대되는 의견을 가진 사람을 '악'으로 생각하게 되는 것이죠. 판단과 자신을 동일시하는 것입니다. 당연히 자신의 결정이 꼭 관철돼야 하고, 이를 막아서는 사람은 나쁜 훼방꾼처럼 느껴집니다.

이 같은 성향은 팀장 레벨에서부터 부각될 수 있습니다. 팀장이란 자리는 작지만, 권력이 생기기 시작하는 자리니까요. 그래서 억눌렀던(?) 본모습이 튀어나옵니다. '팀장 되더니 달라졌다'는 반응을 듣게 됩니다. 물론 자신감을 느끼는 것 자체를 뭐라 하긴 어렵습니다. 신념이 신앙이 된다고 할까요? '의견'이 아니라 '내'가 더 중요해집니다. 고로 내 의견을 묵살하는 것은 나를 부정하는 것처럼 느끼게 되는 것입니다.

상사나 부하인 팀장이 모두 과도한 확신을 품고 있다면 최악의 조합이라 하겠습니다. 이를 자존심이라고 말하겠지만, 남에게 피해를 줄 수 있는 만큼 '이기적인 아집'이라 보는 것이 맞을 겁니다. 그렇기에 '말을 부드럽게 해라', '상사의 심기를 살피고 말을 시작하라', '객관적 근거를 갖고 논리적으로 대화하라' 등의 기교를 부려도 상사와 관계는 근본적으로 호전될 확률이 높지 않게 되는 것입니다.

상사를 인정하는 데서 시작하자

위에서 언급된 고민과 유사한 사례가 있었습니다. 패기에 넘치는 팀장님으로 기억합니다. 본인 기획에 믿음이 대단했지요. 하지만 상사로부터 소통에 문제가 있다는 지적을 여러 번 받게 되었다고 합니다. 최근 받은 피드백은 '왜 당신은 최종 결정이 내려진 것처럼 얘길 하느냐', '당신하고 얘기하면 벽이 느껴진다'였다고 합니다. 코칭을 진행하면서 그분이 가진 진짜 문제를 알게 됐습니다.

"팀장님, 상사분을 인정하십니까?"

우리가 상대나 사물에 대해 사고하는 결과가 소통입니다. 따라서 소통에 이슈가 있다면 어떤 생각으로 그런 결과가 나왔는지 판단해 보는 것이 필요합니다. 그 팀장님은 상사를 인정하지 않고 있었습니다. 아마도 상사역시 그렇게 생각을 했을 겁니다. 그럴 경우 보고 내용보다는 형식적 측면, 태도적 측면을 두고 나무랐을 개연성이 높습니다.

인정할 '인'의 한자를 살펴보면

$$' 認 = 言_{말} + 忍_{참다} '$$

입니다. 직역하면 상대의 말을 참는 것이고, 윤색하면 상대의 뜻을 이해하고, 알아주는 것입니다. 나의 판단이 옳다는 자신감이 상대방의 말을 참지 못하게 하는 것입니다. 물론 이는 팀장의 상사 역시 그럴 공산이 큽니다.

바꿀 수 없는 게 상사라지만

여기서 다시 답답한 마음이 듭니다. 비슷한 성향을 가지고 있고, 그래서 충돌이 나는 것 같은데 상사는 꿈쩍할 생각이 전혀 없습니다. 맞습니다, 안타깝고 억울하지만, 상사는 내가 변화시킬 수 있는 상대가 아닙니다. 만에 하나 어찌해서 상사를 설복시켰다고 하죠. 상사는 100% 수긍할까요? 그럴 사람이었으면 평소 하는 행동이 달랐을 겁니다. 상사는 맘을 먹으면 나에게 언제나 복수할 수 있는 무기를 가진 사람입니다. 그렇기에 대응 방법을 달리해서 내가 원하는 바를 수월하고 기분 좋게 얻어내는 방법을 모색하는 편이 훨씬 현실적일 겁니다.

첫째, 상사에게 존경을 표한다.

아부를 떨거나 거짓말하라는 것이 아닙니다. 비정상적인 승진, 채용이 아니었다면 대부분의 상사는 팀장보다 나은 점이 분명히 있게 마련입니다. 특히 상사가 자랑스러워하는 점을 찾으십시오. 경륜이나 전문지식, 업계 인맥 등이 될 것입니다. 그것을 언급하며 칭찬해 주십시오. 그냥 의례적인 말 말고 존경하는 진심을 담아 하십시오. 상사의 일장 연설(?)이 있고 난 후에는 '많이 배웠습니다. 감사합니다'라고 말해 주세요. 상사도 사람입니다.

둘째, 상사에게 선택권을 준다.

자기 주도적인 사람인 경우 본인이 뭔가를 했다는 효능감을 느끼고 싶어 합니다. 팀장이 보고한 보고서에도 결론 부분에 선택지를 놓는 것입니다. 팀장 입장에선 자기가 생각하기에 최선의 방안 하나만을 올리고 싶을 수 있습니다만, 의사결정권자는 상사인 경우가 대부분입니다. 하나의 안을 올리면 그 안이 어떤지 마구 찔러볼 겁니다. 여러 안을 올리면 그것들을 비교하는 데 신경을 쓸 겁니다. 어찌 생각하면 선택지는 하나의 프레임일 수 있습니다.

셋째, 상사에게 도움을 청한다.

아무리 빡빡한 사람이라도 도움을 구하는 사람의 부탁을 매몰차게 내치기 힘든 것이 한국적 정서입니다. 구체적인 사안이 있는 경우가 아니더라도 한 달에 한 번 정도는 일부러 찾아가서 조언을 구하는 게 좋다고 봅니다. 실질적으로 도움을 받으면 더 좋겠지만, 팀장이 열심히 노력하고 있다, 팀장이 내 뜻을 살피려고 노력한다는 인상만 줘도 성공이라 하겠습니다.

상사와 생각의 차이가 있는 팀장은 시간이 갈수록 힘이 빠지게 돼 있습니다. 팀원을 믿고 일한다고 자위하지만, 결국엔 팀원도 힘 못 받는 팀장을 원망할 겁니다. 그런 측면에서 상사와 관계가 팀장에겐 매우 중요하고 절실합니다. 내일 출근길에 반갑게 아침 인사를 먼저 건네 보시길 권해드립니다.

깨달음으로 이끄는 질문: 상사에게 문제 팀원을 얘기하면 '너는 뭐 했냐'는 핀잔만 듣습니다. 어떻게 해야 할까요?

팀장이 상사에게 보고하는 여러 사안 중 민감하고 중대한 것이 바로 '사람' 문제입니다. 아무래도 팀원이 대상인 경우가 많을 겁니다. 팀장은 오랜 속앓이 끝에 어렵사리 말을 꺼내 도움을 청했는데 상사는 '넌 그동안 뭐 했냐'며 나무랍니다. 아쉽지만 팀원 관리는 100% 팀장의 책임이라 생각하는 상사가 적잖습니다. 관리의 책임은 통감하지만 혼자서 풀기 어려우니 손을 내미는 것인데 야속한 마음이 그지없지요.

이럴 경우, '일'을 앞세우며 말을 꺼내는 편이 부드러운 대화의 시작을 도울 수 있습니다. 즉, 순서를 바꾸는 것입니다. 특정 업무가 원활하게 진행되지 못하고 있다고 시작해서 그 원인이 O 과장이라는 식으로 풀어가는 것이죠. 이렇게 되면 팀장은 일을 걱정하는 것이고, 그 원인이 사람에 있다고 보고하는 셈이 됩니다. 특히, 업무 중심의 사고에 전념하는 상사에게 더욱 효과적인 방법입니다. 이는 그(녀)의 '자기 효능감'을 느끼게 합니다. 수월하게 팀장의 사람 고민을 함께 논의하게 될 것입니다.

함께 보면 좋아요: 〈팀장으로 산다는 건〉 '대화는 했지만 통한 건 아닐지도' `69p`, '또라이 상사는 내 운명' `178p`

회식만 바꿔도
달라지는 팀 분위기

코로나19로 출발된 원격근무는 불경기를 맞이하며 거의 사라지고 있는 추세입니다. 얼마 전만 해도 강하게 불만을 토로했을 직원의 목소리도 잠잠합니다. 이제까지 원격근무를 시행하는 조직은 대부분 코로나19 이전에도 원격근무를 시행했던 곳들이 대부분입니다.

재택근무로 느낀 점

코로나 2~3년 동안 우리 집 식구 네 명이 원격근무와 원격수업 탓에 함께 있을 날이 많았습니다. 낮에 서로 같은 공간에 있다 보니 낯선 풍경이 많이 연출됐지요. 특히 아이들과 부대끼는 중에 평소 '학교'에 대해 생각지 못한 부분이 있었음을 깨달았습니다.

학교는 공부를 가르치는 곳만이 아니었다. 보육과 케어가 있는 곳이다.

(선생님, 존경스럽습니다!)

학교는 배우는 곳만이 아니었다. 친구들과 어울리며 사회성을 기르는 곳이다.

(우리 애는 완전히 외톨이 되는 거 아냐?)

새삼스러운 자각을 '회사'로 옮겨 봤습니다. 비슷한 맥락이 있지 않을까 싶었습니다.

회사는 일하는 곳만이 아니다. 리더십과 팔로어십이 교차하는 곳이다.

(존경할 만한 상사, 존경할 만한 부하)

회사는 돈 버는 곳만이 아니다. 관계를 통해 자아를 실현하는 곳이다.

(우리는 팀 플레이어다!)

최근 신입사원 환영회에 참석을 거부한 직원과 관련한 기사를 보게 됐습니다. 사무실 근무가 대세로 굳어지는 시점에서 '회식' 관련해서 재고해볼 부분이 있지 않았나 싶었습니다.

회식은 왜 할까?

회식은 사전적으로 모여서 먹는다는 뜻입니다. 정확히 그 기원에 대해서 알려진 바는 없습니다. 아버지께서는 '(60~70년대에) 집에서 고기 한 번 먹기 어려우니 회사에서 먹는 자리를 마련했었지'라고 말씀해 주셨지요. 다만, '배를 채우려고 먹는다'는 의미는 이제 퇴색한 것 같습니다. 모임이야 회의나 미팅도 있다는 생각에 '회식이 정말 필요할까?' 하는 생각이 들기는 합니다.

회사 상황에 따라 다를 수 있다고 봅니다. 회식은 법적인 근로 시간으로 인정되지 않습니다. 논란의 여지가 있긴 한데, 주 40시간(최장 52시간) 근로가 법제화되면서 이렇게 정의됐습니다(주의! 회식 참여 여부에 따라 불이익을 주거나 강제적으로 참석을 강요하면 근로 시간으로 인정될 수 있습니다.). 회식이란 본연의 업무와는 별개로, 사기를 높이고 결속력을 다지는 친목의 목적을 가지고 있다고 보기 때문입니다. 즉, '비공식적인' 소통의 자리가 회식인 것입니다. 이미 회사에서 소통을 충분히 하고 있다면 회식은 없어도 될 것입니다. 하지만 상당수의 기업에선 소통의 부족을 절감하는 것 역시 사실입니다.

회식은 어떻게 해야 할까?

젊은 직원들이 정말 '모여서 먹는 것'을 싫어하는지 물어봤습니다. 개인주의가 만연한 세대라는 일반적인 인식과는 달리 서로 마음이 통하는 사람과 파티는 선호한다는 것을 알게 됐습니다. 회식과 파티는 어떻게 다를까요? 회식을 파티처럼 할 수 있는 방법은 없을까요?

첫째, 회식 준비의 주도권을 넘깁니다.

팀장인 저는 그저 회식하기 적당한 2주간의 기간만 정해 줬습니다. 가령 11월 셋째 주, 넷째 주라고만 알려 주고, 팀원들이 선호하는 날짜를 서너 개 달라고 합니다. 그 중에서 확정하면 됩니다. 아울러 회식의 메뉴와 식당의 선택권까지 팀원들이 의논해서 정하라고 합니다. 사실 저는 면 요리를 즐

겨하지 않는데, 회식 메뉴로 파스타 같은 메뉴를 접하기도 합니다. 팀원에게 제 취향을 내색하지 않은 탓이지요. (실컷 정하라고 해놓고 '난 짜장면~' 하는 팀장님은 없겠죠?)

둘째, 회식의 끝 시간을 정해 두고 시작합니다.

만약 저녁 7시에 업무를 종료하고 회식을 시작한다면, 무조건 9시에는 끝낸다고 공지합니다. 이러면 회식이 2차, 3차로 늘어지지 않아 팀원들 모두 가벼운 마음으로 회식 시간을 즐길 수 있습니다. 물론 2차를 원하는 팀원이 있는 경우에는 법인카드를 주고 빠집니다.

셋째, 회식 자리에선 팀장 티를 내지 않습니다.

기본적으로 '일' 얘기는 하지 않습니다. 앞서 말했듯이 회식은 비공식적이며 편한 자리가 돼야 합니다. 물론 팀원이 먼저 말을 꺼낸다면 예외로 합니다. 주로 높은 사람이 앉는 가운데나 뒷자리에 앉지 않습니다. 그냥 들어간 순서대로 앉습니다. 처음에 팀원들이 낯설게 느끼지만 반복되면 자연스럽게 됩니다. 강압적인 건배사 강요 역시 일절 하지 않습니다.

넷째, 팀원과 친해지려 하지 않습니다.

나이 차가 있는 직원과는 친구처럼 지내기 어렵습니다. 일에 있어 소통에 문제가 없는 정도면 된다고 봅니다. 간혹 회식 자리를 친교의 방법으로 생각하는 리더가 있는데, 기본적으로 그들과 친해질 수 없다는 것을 인식해야 합니다. 그건 과욕입니다. 적당한 수위 조절이 필요합니다.

다섯째, 다양한 회식 방식을 생각합니다.

꼭 저녁에 술자리만 회식은 아니라고 봅니다. 점심식사 자리를 활용하고, 영화나 연극을 볼 수도 있습니다.

즐거운 회식, 즐거운 팀을 위해

업무와 관계가 주는 스트레스는 직장인의 숙명과 같습니다. 이를 풀어주는 수단으로 회식은 의미가 있다고 봅니다. 또한 딱딱한 사무실 말고 이완된 분위기에서 어려운 얘기를 꺼내기에도 좋은 방법입니다. 팀장의 입장에선 소통을 강화하는 계기가 될 수 있습니다.

주말에 휴양림이나 산행을 다녀오고 나면 상쾌한 기분을 가지고 월요일 출근을 할 수 있습니다. 회식이 즐거웠다면 다음 출근도 즐거워지지 않을까요? 이제 사무실로 돌아오는 팀원을 떠올리며 새로운 회식 문화를 실행하길 바랍니다. 회식을 팀원에게 넘겨주십시오. 회식 자리에선 팀장 배지를 떼십시오. 그렇게 하면 팀 분위기가 확 달라질 겁니다.

TIP

깨달음으로 이끄는 질문: 스트레스 수준을 빠르게 낮추는 좋은 방법이 있을까요?

앉은 상태에서 심호흡하기에 더해 '눈 운동'을 추천합니다. 드라마나 영화를 보면 피곤한 등장인물이 눈을 비비는 장면을 자주 보게 됩니다. 그만큼 스트레스가 눈을 통해 나타난다는 것인데요. 실제 우리는 사물을 인지할 때 시각을 주로 의존하게 됩니다. 피로가 눈에서 온다는 말이 틀린 말이 아닙니다.

우선, 앉은 상태로 손바닥을 비벼 눈에 갖다 댑니다. 그 상태로 1분 정도 유지하면서 마음을 안정시킵니다. 이때 심호흡을 같이하면 더 좋습니다. 다음은 손끝으로 가볍게 눈 주위를 마사지합니다. 그 후 시선을 상하좌우로 천천히 움직이는 운동을 3회 진행합니다. 마지막으로 처음과 같이 눈에 손을 대고 마무리합니다. 이런 눈 운동 요법은 EMDR(Eye Movement Desensitization & Reprocessing, 안구운동 민감소실 및 재처리 요법)이라고 하며 기억력 향상 효과까지 기대할 수 있다고 하니 심호흡과 콤보로 해보시기를 권합니다.

함께 보면 좋아요: 〈팀장으로 산다는 건〉 '외로움이 내게로 왔다' **164p**, '이제 나보고 꼰대라 한다 **170p**

하이브리드근무를
리더십 재구축의 기회로

코로나19 이후 가장 큰 변화를 경험한 분야 중 하나가 바로 '일하는 방식'입니다. 그 중심에는 '원격근무'가 있습니다. 이전에도 IT기업을 중심으로 시행되고 있었고, 외국 지점, 파트너사와 화상회의가 일부 활용된 사례가 있었지만, 지금은 주된 일의 방식 중 하나가 됐습니다. 점진적인 변화가 아니라 완전히 새로운 환경이었기 때문에 많은 이들에게 초기 단계에서 혼란과 실수가 잦았습니다.

최근 유명 대기업에서 강의 시 화상회의 진행과 관련한 원칙에 관해 얘기하는 부분이 있었습니다. 관련해서 어떤 어려움이 있었는지 물어봤는데, 채팅 창에 올라온 (강의 역시 화상으로 진행됐습니다.) 한 팀장의 대답이 눈에 띄었습니다.

"팀원들이 화상회의를 할 때 비디오를 켜려고 하지 않습니다."

순간 제 눈을 의심하지 않을 수 없었습니다. '아니, 여긴 관리 수준이 높기로 유명한 글로벌 기업인데…' 더 놀라운 광경은 이어졌습니다.

"저희 팀도 그렇습니다."
"우리 팀원도 지적해야 겨우 켜곤 합니다."

채팅창에선 팀장들의 하소연이 이어졌습니다.

원격근무에 대한 처음 생각

코로나19 상황과 비슷하게 당황스러웠습니다. 원격근무가 시행되고, 직원들은 기대 반, 걱정 반으로 첫날을 맞이했습니다. 화상회의 툴을 설치하고 처음 화면을 켰을 때의 생경함을 잊지 못합니다. 그런 상황들이 지나가면서 결국엔 또 적응하고 익숙해졌습니다.

일반적으로 원격근무의 효과성에 대해서 높을 것이라는 생각이 주를 이뤘습니다. 쓸데없는 보고, 비효율적인 회의, 억지 회식의 가능성이 줄어든 상황에서 '온전히 업무에만 집중할 수 있었다'는 반응이 많았죠. 사실 제일 좋았던 건 나를 귀찮게 하는 상사가 옆에 없다는 것이었습니다. 사무실에 있었으면 우리는 언제나 상사의 심기를 살펴야 했죠. 또한 보기 싫은 동료와 대면하지 않는 점도 나쁘지 않았습니다.

하지만 원격근무가 꼭 좋지만은 않다는 생각이 들게 됐습니다. 실제 사무실 밖에서 떨어져 일하면서 점점 그렇게 느꼈습니다. 그 이유를 설명해주는 조사 자료를 발견했습니다.

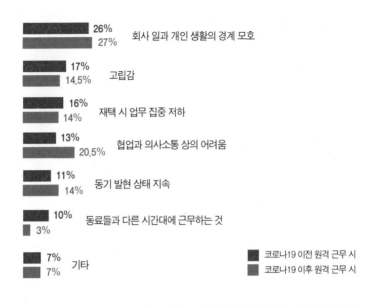

원격 근무 시 가장 큰 어려움은 무엇입니까? 2021 State of Remote Work

'원격근무 시 가장 큰 어려움은 무엇인가'라는 질문에 대한 설문 결과입니다. 코로나19 이전과 이후로 구분하여 살펴볼 수 있는데요. 우선 애로사항은 언제, 어떻게 일을 마쳐야 할지 모름, 협업과 의사소통의 어려움, 외로움, 가정사의 개입, 동기부여가 되지 않는 상황 등으로 나타났습니다. 저와 우리 직원들이 사무실 밖에서 근무하는 상황이 그대로 투영된 것 같더군요.

"집에서 일하는데, 어느새 야근하고 있더라고요. 한 번에 끝낼 수 있는 일을 1:1로 진행하다 보니 시간이 더 걸리는 건 어쩔 수 없었습니다."

"회의하는 중에 택배 오고, 애는 울고… 정신없었습니다."

"예전에는 궁금한 점을 바로 묻고 했는데, 이제는 그게 어렵잖아요. 특히, 복잡한 이슈를 대면하지 않고 메신저로 소통하는 게 효율적이진 않은 것 같아요."

"혼자 일하는 것 같은 느낌이 들었어요. 옆에 모니터에 드라마를 켜 두고 일하고 있습니다."

효과에 대한 실증적 연구

원격근무가 계속되면서 애초 예상이 조금씩 깨지는 상황을 겪었습니다. 그렇지만 출퇴근에 드는 시간과 노력을 생각한다면 그래도 원격근무에 호의적인 마음이 들기는 했죠. 실제 원격근무 관련 설문 조사를 하면 만족도가 높다는 의견이 상당했습니다. 다만, 업무 효율성 측면에서 실증적인 연구 결과로 확인되고 있습니다.

2021년 9월 美 마이크로소프트(이하 MS)에서 원격근무를 실증적으로 연구한 결과가 발표됐습니다. 코로나19 대유행 이후 2019년 12월부터 2020년 6월까지 6만여 직원에게 원격근무 명령을 내린 전후의 근무 행태를 분석했답니다.

연구 결과는 원격근무 후 직원들의 협업 빈도는 떨어졌으며, 직원들이 다른 부서와 소통하는 정도 역시 감소한 것으로 나타났습니다. 더욱이 협업에 쏟는 시간과 새로운 협업 파트너를 추가하는 속도 역시 느려졌다는군요. 또한 업무수행 방식에 있어서는 이메일, 메신저 같은 비동기식 수단의 활용도가 높아진 반면, 전화나 화상 미팅 활용도는 줄어들었습니다.

국내 연구 결과도 나오고 있습니다. 〈스마트워크 후 조직 문화 변화 연구〉라는 제목으로 2021년 2월에 '서비스 대기업 H사 사례 연구가 발표됐습니다. 결론적으로 원격근무 도입 이후 조직구성원의 업무 프로세스 효과성은 낮게 나타났으며, 조직 활력 및 소통, 그리고 협력은 감소하는 것으로 검증됐습니다. 직원의 생각과는 달리 효과적이지 않다고 하는 근무형태는 앞으로 어떻게 될까요?

효과가 떨어지면 다시 과거로?

최근 기업들은 원격근무를 줄이고 있습니다. 아예 폐지하는 기업도 생겨납니다. 하지만 본사-지사 간 미팅, 협력사와 대화 등에서 원격업무를 보는 사례는 크게 늘었습니다.

한 가지 주목해야 할 부분은 이제 원격근무를 하나의 복지로 인식하는 사람들이 많아졌다는 사실입니다. 단순히 일하는 방식이 아니라 하나의 '문화'로 정착됐다고 보는 것이 맞습니다. 최근 카페에서 취준생으로 보이는 이들의 대화를 듣게 됐는데, 지원하려는 회사에 '재택근무제도'가 있냐고 서로 확인하더군요.

원격근무에서 한발 더 나아가 일과 휴양의 결합 형태인 '워케이션Workcation'을 시범적으로 도입하는 기업들까지 나오고 있습니다. 이는 코로나19 영향으로 위축된 지역의 숙박, 휴양 시설 및 농촌 등 체험하는 공간과 연계까지 진행 중입니다. 이는 노동과 여가가 모두 소중하다는 사람들의 인식을 전향적으로 반영한 사례가 아닌가 싶습니다.

구글과 MS에서는 원격근무 비율을 줄이고 사무실로 직원들을 다시 불러들이고 있습니다. 회사 입장에선 일의 효율성을 말하며, 직원 입장에선 개인의 선택권을 주장하며 대립하는 양상입니다. 아마도 일부 원격근무와 사무실 근무가 혼합된 형태로 정착할 가능성이 높습니다. 팀장 입장에선 지금의 변화가 한동안 유지된다고 가정하고 대비할 필요가 있습니다.

환경이 바뀔 때가 절호의 기회다

요즘처럼 저성장이 계속되는 상황에서는 조직이 정체되기 마련입니다. 성장하지 않는 조직에서 사람들 역시 안주하려는 경향이 높아집니다. 특히나 위쪽에 있는 사람들이 더욱 그렇습니다. 팀장 입장에서 위를 쳐다보면 갑갑한 상황입니다. 그러다 일하는 방식이 변화하는 국면을 맞이했습니다. 팀장 역시 어리둥절합니다만, 그동안 쌓은 실무 경험과 선배보다 IT에 익숙하다는 것은 분명 큰 장점입니다.

하나, 명확성을 가져오는 단순한 업무 구조를 만듭니다.

하이브리드 환경에서 팀 내 소통의 명확성은 백 번을 강조해도 모자람이 없습니다. 다만, 여러 번 말하고, 서로 말한 내용을 확인하는 등 기법 위주의 접근만으로는 충분하지 않습니다. 구조적으로 복잡한 부분을 덜어내고 단순하게 만드는 것이 효과적입니다. 역할과 책임은 최대한 자세히 정의하고 주기적으로 재점검합니다. 일상적인 진도 체크 등 가치가 떨어지는 회의는 과감하게 없애고, 투명하게 서로 견제할 수 있는 공용 툴을 사용합니다.

둘, 직원의 아이디어를 적극적으로 받도록 합니다.

근래 한 기업의 리더십 교육을 진행하면서 외부 사이트를 활용해서 질문을 받고, 댓글로 답변을 드렸습니다. 흥미로웠던 점은 교육이 끝난 후에도 얼마간은 수강생들끼리 소통이 계속되더라는 것입니다. 사내 그룹웨어에 '익명 게시판'을 두는 회사들이 꽤 있습니다. 하지만 아무도 글을 올리지 않는 개점휴업 상태이거나 일상의 가십거리만 올라오는 상황입니다. 팀 단위로라도 두려움을 느끼지 않는 공간을 별도로 마련해 보면 어떨까요?

셋, 스타트업의 경영 방식을 참고합니다.

아무래도 하이브리드 근무 환경에 대해서는 스타트업에서 먼저 경험하고 진행해 온 노하우가 있습니다. 환경과 산업의 특성이 다르겠지만 일하는 방식에만 집중해 보면 배울 점이 있을 겁니다. 특히 젊은 팀원을 유지하는 데 도움을 받을 수 있을 겁니다.

넷, 직원의 자유도를 높이는 장치를 만들어 봅니다.

어느 기업에선 한 달에 한 번씩 출근하자마자 뽑기를 한다고 합니다. '즉시 퇴근'을 뽑은 직원은 바로 퇴근한다고 하네요. 우리 회사에는 적합하지 않을 수도 있지만 직원에게 재미와 흥미를 유발하는 장치가 있으면 좋겠습니다. 줄어들 것으로 예상되는 원격근무 비율에 대한 직원의 불만을 상쇄할 필요가 있습니다. 점차 팀장이 가진 권한 중 일부를 내려놓고, 팀원이 주도하는 비중을 높여 가야 할 것입니다. 재택근무에서 직원이 만족한 부분은 바로 '자유도'였기 때문입니다.

판이 흔들려야 틈이 생깁니다. 그 틈을 파고들어야 주도권을 잡을 수 있습니다. 어쩌면 팀장에게 지금은 새로운 리더십 구축의 얼마 남지 않은 기회일지 모릅니다.

TIP

깨달음으로 이끄는 질문: 달라진 업무 환경이 초래할 영향은 무엇일까요?

최근 구글에서는 원격 근무자를 대상으로 한 연봉 삭감 논의가 진행되고 있습니다. 직원이 출퇴근하지 않아 절약할 수 있는 비용과 해당 직원이 거주하는 지역의 물가를 참작해 급여를 깎겠다는 것입니다. 새로운 근무 형태가 형성되기 전에 급여부터 조정하는 것은 근시안적 발상이라고 봅니다. 다만, 회사는 업무효율과 비용 사이에서 급여 정책을 변경할 것이란 점은 분명해 보입니다.

제 생각에는 오피스 출근 직원과 원격근무 직원 간의 '직종' 구분이 생길 거라고 예상합니다. 현실적으로 같은 일을 하는 직원 사이에서 연봉 등의 처우 조건을 차별화하기가 쉽지 않을 것이며, 급여가 다소 적더라도 원격근무를 선호하는 직원은 상당히 존재할 것이기 때문입니다. 이렇게 되면 100% 원격근무자에 대한 회사의 통제력은 줄어들 것이고, '전문직'으로 고용 형태 변화가 촉진될 것입니다. 또한 '겸업 금지' 등의 근로 조건 재고 역시 역시 수반될 것으로 예상합니다. 사측과 노측 모두 '유연성'에 대해 심각하게 생각할 시점이 다가오는 것입니다.

함께 보면 좋아요:〈팀장으로 산다는 건〉'비대면 시대가 요구하는 새로운 리더십' `139p`

누구나 시작은 하지만,
아무나 끝맺진 못한다

20XX년 1월 저는 '영업팀' 중 하나를 맡게 됐습니다. 1월 2일 처음 출근해 팀원들에게 업무 보고를 받는 자리였죠.

"지금 미수채권이 가장 많은 곳이 어디입니까?"

"네, OOOO, XXXX, △△△… 입니다."

"그 중에서 악성 채권 가능성이 가장 높은 업체는요?"

"단연, XXXX입니다."

"당장 출고 정지해요. 그리고 지금 바로 출발합시다."

"네? 지금요?"

담당 팀원은 놀라는 기색이 역력했지요. 매출구조가 안정화에 접어들던 만큼 이제는 부실화를 사전에 막는 것이 중요하다고 판단했습니다. 세 시간을 차로 달려 업체에 도착했고, 연락 없이 들이닥친 우리 모습에 사장은 당황하고 있었습니다.

"연락도 없이… 이렇게… 오셨습니까…"
"미수(채권)는 연락하고 만들었습니까? 사장님?"

채권 회수 압박은 저강도로 이어져 오고 있었기에 충격요법이 필요했습니다. 대표는 사정 얘기를 하며 읍소하듯 부탁했지요. 조금만 기다려 달라는 말이었습니다. 불행히도 그런 말은 이미 여러 번 들어왔었습니다.

"이번 주까지 미수 채권 회수가 이뤄지지 않으면 법적 조치하겠습니다."

사장은 얼굴이 누르락붉으락해지더니 소리 치기 시작했습니다.

"아니, 이렇게 다짜고짜 얘기하면 되는 거야? 당신 나이 몇 살이야? 어린 사람이 이렇게 막 해도 되는 거야?"

순간 직감했습니다.

'이 자식은 갚을 생각이 없구나.'
"나이가 궁금하면 민증 보여 드릴게요(사장 나이쯤은 이미 알고 있었습니다.)."

이쪽저쪽에서 고성이 오고 가고 저는 책상을 몇 번 들었다 놨다 했습니다. 그러던 중에 밖에서 사이렌 소리가 들리더니 경찰이 빼꼼 문을 열고 들어왔습니다. 시끄럽다는 신고가 들어왔다고 했습니다. 허탈했지요. 한바탕 육탄전까지 각오하고 간 자리였는데.

몇 번의 출장이 이어졌습니다. 집에 찾아가고, 혹시나 해서 사장의 부모님 댁까지 방문했습니다. 하지만 일부 변제만 하고 나중엔 사업장을 폐쇄하고 잠적해 버렸습니다. 재산을 남의 앞으로 돌려 두고, 이혼까지 해 버렸다면 사실상 돈 받을 방법은 없습니다. 채권 추심 업체마저 어쩔 수 없는 상황이었습니다.

"김 팀장, 너는 미수 관리를 어떻게 하는 거야?"

전무 님의 매몰찬 질타가 이어졌습니다. 영업쟁이라면 늘 폭탄처럼 안고 사는 것이 미수채권입니다. 그렇지만 이 건은 너무나 억울했지요.

'나는 한 톨도 물건을 팔지 않았다고…'

전임 팀장은 전년 10월부터 12월까지 이 업체에 엄청나게 매출을 일으켰던 거였습니다. 거기서 문제가 발생했는데 전무는 그런 건 개의치 않고요. 얼마 후 전임 팀장이 좋은 평가 등급을 받았다는 소식이 들려와 다시 한번 제 속을 쓰리게 했습니다.

시작은 누구나 할 수 있다

저는 원래 기획자였습니다. 사업, 전략, 마케팅, IT 등이 기획의 주제였고요. 기존 사업의 경영 기획보다는 새로운 사업을 다뤘기에 기획 활동 외에도 일이 많았습니다. 초기 인큐베이팅을 넘어 합작법인 설립 이후까지 담당하게 됐죠. 아예 사업부 기획을 맡아 영업과 구매 전반을 살피기도 했습니다.

기획이라고 하면 큰 그림만 멋지게 그리고 기획안이 통과되면 쏙 빠져나간다는 생각을 많이 합니다. 소위 폼나는 일만 하고, 현업과는 유리돼 있다는 불만이죠. 일은 많았지만 그런 측면에선 운이 있었다고 생각합니다. 비즈니스의 '시작과 끝'을 살필 수 있었지요. 실상 매출 0원에서 800억 원까지 성장하는 데 일조했습니다.

그런데 위와 같은 미수채권 사건을 맞이했습니다. 그제야 일의 시작과 끝에 대해 곰곰이 생각해봤습니다.

'혹시 나는 광나는 시작에 서서 우쭐하지 않았는가.'

끝을 잘 맺는 사람이 진정으로 일을 잘하는 사람입니다. 화려한 조명과 기대에서 시작하는 사람보다 묵묵히 클로징으로 나아가는 사람에게 주목과 관심을 더 기울여야 하는 이유입니다. 영업은 특히 그렇습니다. 하지만 실상은 그렇지 못해서 답답한 마음이 들기도 합니다.

아무나 끝을 맺진 못한다

얼마 전 금융기관의 중역 한 분을 만났습니다. 영업팀장 시절 억울한 평가 얘기를 했었지요. 그분은 상당히 흥미로운 말씀을 해 주셨습니다.

"그런 비슷한 사례가 우리 회사도 많았어. 그래서 이제 성과급 지급을 3 개년에 나눠서 한다고. 그래야 나중에 사고가 터진 걸 반영할 수 있지 않겠 어? 영업하는 사람들이 무리해서 단기 실적에 몰입하는 현상을 미연에 방 지하는 효과도 있고 말이야."

평가 제도 자체의 개선뿐만 아니라 리더십 차원에서도 좋은 교훈을 주는 것 같습니다. 남들의 이목이 쏠리는 일을 하는 사람보다 기존의 일의 마무 리를 맡는 사람에게 더 많은 신경을 써야 합니다. 전자의 일에는 내가 아니 더라도 조직 차원의 스포트라이트가 비춰 주고 있으니까 말입니다. 단순 히 사람 관리 차원에서만 드리는 말씀은 아닙니다. 조직이 어떤 사람을 더

귀하게 여기는지 보여주는 것입니다.

'우리는 멋진 시작을 하는 사람보다 빛은 나지 않지만, 마무리 해내는 사람을 더 소중하게 생각합니다.'

결국, 리더십은 작은 시작과 끝으로 이뤄진 하나 하나의 세트가 모여 만들어지는 기나긴 여정인 것입니다.

TIP

깨달음으로 이끄는 질문: 새로운 업무를 맡았는데 어디서부터, 무엇을 해야 할까요?

회사 일을 하다 보면 'What to do(무엇을)', 'How to do(어떻게)' 등의 질문과 만나게 됩니다. 이런 질문에 대답하기 힘들다는 것이 우리를 괴롭힙니다. 머릿속에서 뱅뱅 돌기는 하는데 말로, 글로 잘 풀어지지 않습니다. 이럴 때 쓰는 방법이 '반대로 연상법'입니다.

앞선 질문은 바로 정답을 찾아야 한다는 부담감을 줍니다. 마치 화살 던지기 전통 놀이인 '투호 놀이'에서 단 한 번의 실패를 용납하지 않는 것과 비슷하다고 할까요? '반대로 연상법'은 좁은 투호통 밖으로 던지는 것을 의미합니다. 사실, 우리는 '하면 안 되는 것'을 연상하는 것에서 더 익숙함을 느낍니다. 따라서 그것을 다시 바꾸면 원래 질문의 답으로 돌아갈 수 있지요. 이런 식으로 오고 가며 사고를 확장하여 생각하다 보면 효과적으로 답에 접근할 수 있습니다.

함께 보면 좋아요: 〈팀장으로 산다는 건〉 '리더는 일이 아닌 구조를 관리한다' `108p`

인사이트를 주는
영화 3선

영화를 보면서 등장인물의 상황에 빠져드는 자신을 발견합니다. 그들과 함께 호흡하고 울고 웃으며 결말로 향해 가지요. 예전엔 좋은 메시지를 직접 던져 주는 영화를 선호했습니다. 지금은 그 메시지에 저의 상황을 투영하려고 시도합니다. 그렇게 하면 더 큰 의미를 느낄 수 있었습니다. 비즈니스 영화로 재미와 감동까지 주는 여섯 편을 뽑아 봤습니다. '인사이트'와 '위로' 두 부분으로 나눠서 소개드리겠습니다.

킹메이커

1961년 인제에서 한약방을 운영하는 서창대(이선균 분)는 정치인 김운범(설경구 분)의 사무실에 찾아가 그를 돕고자 청합니다. 서창대의 조언은 기만적인 방식을 동원해 상대 정당 후보를 깎아내리거나 약점을 노출하도록 만드는 식이었습니다. 소위 '이기는 방법'에 능통한 사람이었지요.

김운범은 그의 조언에 힘입어 목포에서 국회의원으로 당선됩니다. 이제는 양지로 나와서 공개적으로 김운범을 도울 만했지만, 그의 출신 배경(이북)이 발목을 잡습니다. 따라서 별다른 직함 없이 음지에서 그를 돕습니다. 하지만 정권 측의 회유를 단번에 거절할 만큼 그의 충성심에는 의심할 것이 없었지요. 두 사람 간의 굳건한 믿음이 뒷받침해 주고 있었습니다.

1969년 민주당 대선 후보를 뽑는 와중에 비주류였던 김운범은 후보들간의 이합집산 계략을 짜낸 서창대의 도움으로 후보로 선출됩니다. 김운범은 서창대를 비서실장으로 임명하고 국회의원 공천을 약속합니다. 그후 어느 날, 김운범 자택에 폭발물이 터지는 사건이 발생합니다. 평소 서창대의 간사한 수법에 반감이 있었던 김운범은 그를 내치게 됩니다. 이로써 둘의 인연은 완전히 끊어지고, 서창대는 상대편으로 몸을 옮깁니다. 나중에는 지역감정이라는 전략을 이용해 김운범에게 대선 패배를 안깁니다.

팀장에게 인사이트를

이 영화를 보면서 서창대의 특출난 전략보다 더 주목한 것은 '참모'의 역할이었습니다. 분명 김운범과 서창대는 매우 가까운 사이였습니다. 하지만 둘은 위와 아래 사이였지요. 각자 역할의 '선'에 대해 생각해야 합니다.

저는 한때 대표 곁에서 전략을 보좌하던 시절이 있었습니다. 서로 진심이 통하는 사이라고 생각했고, 신임받고 있다고 자신했습니다. 하지만 저의 착각이었습니다. 사업 초기를 지나 조직과 사업을 장악하면서 대표는 본인만의 관점과 자신감을 갖기 시작했습니다. 그리고 어느 때부턴가 제가 올리는 아이디어에 시큰둥하게 반응했습니다. 저는 크게 실망했고, 점차 대표와 멀어지게 됐습니다.

제가 뒤늦게 깨달은 것은 나의 상사는 내가 가르칠 수도, 내 뜻대로 움직일 수도 없는 존재라는 것입니다. 열정적인 참모 처지에선 자기 생각을 그에게 영향을 끼쳐서 대업을 이루려고 하지만 상사는 그것을 중심에 놓고 사고하지 않습니다. 특히나 창업주나 오너 같이 자기 주도성이 높은 사람의 경우, 내용이 맞고 틀리고를 떠나 남의 생각을 그대로 실행에 옮기기를 선호하지 않습니다. '불가근불가원不可近不可遠.' 참모가 최고 의사결정자와 관계에서 지켜야 할 숙명 같은 자세입니다.

추가로 영화 속에서 원칙을 지키는 김운범의 모습은 아주 인상적이었습니다. 대선 정국에서 향토예비군 폐지 공약이 안보 이슈로 전환되어 곤란을 겪을 때, 공약 수정을 진언하는 참모들에게 이렇게 말합니다.

"쇼를 하고 싶으시면 서커스 극단에 들어가시지 왜 여기 앉아 계십니까?"

어느 조직이나 사내 정치가 있고, 이익을 위해 자신의 주장마저 쉬이 저버리는 현실을 생각하면 명분이 있는, 원칙적인 리더에 대해 다시금 생각해 볼 수 있었습니다. 리더로서 나는 어땠는가 반성하는 시간이었습니다.

에린 브로코비치 Erin Brockovich

고졸 학력에 애가 셋이나 딸려 있는 에린 브로코비치(줄리아 로버츠 분)는 닥치는 대로 일자리를 구해 보려 하지만 여건상 쉽지 않습니다. 면접을 망치고 귀가 중에 교차로에서 사고를 당하는데요. 당연히 이길 줄 알았던 소송에서 패소하자 변호사에게 일자리를 달라고 떼를 씁니다. 인정 많은 에드 매스리 변호사(앨버트 피니 분)는 그녀를 임시 계약직으로 채용하게 되죠.

그녀의 첫 번째 일은 부동산 사건인데, 거래 서류 작성을 무상으로 해주는 것이어서 에린에게 맡겼습니다. 그녀는 서류를 살펴보다 첨부된 진료 기록과 거액의 청구서에 마음이 쓰입니다. 부동산 서류는 퍼시픽 가스 전기회사PG&E가 주민의 땅을 시세보다 높은 가격에 매입하는 것이었지요. 진료비까지 회사가 부담한다는 것에 의심을 품은 그녀는 현지 조사를 나서게 되고, PG&E 공장에서 배출된 크롬이 상수도를 오염시켰다는 것을 알게 됩니다. 결국 손해배송 소송을 제기하고, PG&E는 기각을 주장하지만, 소송이 성립된다는 판결을 받아 냅니다.

직후 양측 대리인들은 미팅을 갖게 되고, PG&E는 2천만 달러를 제안합니다. 하지만 이는 피고인 400명으로 나누면 푼돈 밖에는 안 되는 금액이지요. PG&E의 한 변호사가 테이블에 놓인 물을 마시려 하자, 에린은 이렇게 말합니다.

"당신네를 위해서 특별히 그 물을 준비했어요. 힝클리(오염 지역)에서 가져왔죠." (We had that water brought in special for you folks. Came from Hinkley.)

아연실색한 변호사는 차마 마시지 못하고 컵을 내려놓습니다.

에린의 진심 어린 노력에 따라 소송인단은 600명을 넘게 됩니다. 에드 매스리 변호사 입장에선 준비 비용을 부담하기도 어려운 상황이라 대형 로펌과 손을 잡습니다. 그곳의 콧대 높은 변호사는 에린을 무시하기 일쑤인데, 그녀가 정리한 서류 파일을 보고선 전화번호가 누락됐다면서 트집을 잡습니다. 에린이 묻습니다.

"누구 번호를 원하는데요?" (Whose number do you need?)

(한심한 듯) "전부요. 원고 측 사람들 전부한테 연락해야지요." (Everyone's. We need to be able to contact the plaintiffs.)

"그러니까 누구 번호가 필요하냐고요?" (I said whose number do you need?)

(포기했다는 듯이 서류 하나를 꺼내 보면서) "애나벨 대니얼스" (Annabelle Daniels)

"애나벨 대니얼스 전화번호는 714-454-9346이고, 열 살이며 오염지역에서 태어났고…." (Annabelle Daniels, 714-454-9346. Ten years old. Lived on the plume since birth…)"

상대 변호사는 기죽은 채로 회의실로 나섭니다. 판세가 불리해짐을 깨달은 PG&E는 중재를 제의해 오고, 소송보다 중재를 주민들에게 설득합니다. 결국 법원의 조정 결과 당시 미국 역사상 손해배상 최고금액인 3억 3천 3백만 달러를 받게 됩니다.

팀장에게 인사이트를

세상사 실력만 있다고 되는 게 아니란 걸 신사업 추진을 통해 알게 됐습니다. 영남 지방 신규 매출처 발굴에 전력을 다하고 있을 때, 지역 상권의

어르신 같은 사장님 소문을 들었습니다. 30년 넘은 업력에 인품까지 좋아서 상인들의 존경을 받을 뿐만 아니라 거래 관행이 깔끔하고 확실해서 거래하는 사람들 모두가 칭송한다고 했습니다. 해당 업체와 거래를 시작한다면 부수적으로 다른 업체와 연결이 가능한 상황이라 마치 '교두보' 같이 중요성을 가진 곳이었지요. 몇 번을 찾아가 인사를 드렸습니다. 하지만 매번 차갑게 거절하는 것이었습니다. 우리와 거래하지 않아도 부족함이 없었겠지요. 그렇게 몇 달이 흐르고 인근 지역 거래처 사장님과 얘기 중에 이런 말씀을 들었습니다.

"음… O 사장님, 아들이 사고로 죽었지. 아버지를 잘 따랐다던데, 안쓰럽게 됐어."

저는 다음 날 새벽에 O 사장님 가게 앞에서 기다렸습니다. 7시쯤 사장님이 오시고, 가게 셔터 문을 올릴 때 뛰어가서 도와 드렸습니다. 사장님은 약간 놀라는 기색이셨는데 아무 말씀 없었습니다. 가게 앞을 청소하고 꾸벅 인사하고 돌아가려는데, 사장님께서 부르셨습니다.

"이리 들어와. 밥 한술 뜨고 가."

그렇게 시작했습니다. 거래뿐만 아니라 나중에는 개인적인 고민까지 털어놓는 사이가 됐습니다. 출장날에는 아예 여관방을 잡고 날을 새며 말씀을 나눴습니다. 가끔 작은 선물을 개인적으로 드리곤 했는데, 무척 기뻐하셨습니다. 저 역시 물건을 팔 생각보다 인생의 선배님과 함께 세상사의 지혜를 듣는 출장길이 즐거웠습니다.

변호인

주인공 송우석(송강호 분)은 고졸 출신으로 온갖 고생 끝에 사법 고시에 합격합니다. 대전지법 판사직을 그만두고 고향 부산으로 내려온 그는 변호사를 시작합니다. 그는 학벌 없고, 인맥도 없는 외로운 신세. 그는 자기 자신을 잘 알고 있었습니다. 그들과 정면으로 경쟁해서는 승산이 없다는 것을 말이죠. 그래서 변호사들이 천시하는 곳을 바라봅니다. 그것은 '부동산 등기 분야였죠. 변호사 위신을 떨어뜨린다며 멸시했습니다. 하지만 그들도 이내 시장에 뛰어듭니다. 곧 시장은 포화하고 말죠. 그렇게 붐비던 사무실이 썰렁해지고 있었습니다. 그러던 어느 날 그는 사무실 사무장에게 말합니다.

"저한테 죽이는 아이템이 하나 있거든요. 세금 쪽 어떻습니까? 당신의 소중한 돈을 지켜 드립니다. 세금 전문 변호사 송우석이~"

사실 그에겐 비장의 무기가 있었습니다. 상업 고등학교 출신이었거든요. 그는 재무제표 하나 볼 줄 모르는 변호사 업계에서 승승장구하게 됩니다. 이후에는 큰 기업에서 스카우트 제의까지 받게 되지요.

팀장에게 인사이트를

도매 유통 신사업을 시작했을 때였습니다. 영업한다며 전국을 돌아다녔습니다. 다소간의 성과는 있었지만, 단기간에 사업을 크게 만들기 위해선 큰 매출이 필요했고, 이를 위해선 대형 거래처를 뚫어야 했습니다. 여러 난관 중 하나는 바로 '대리점권'이었습니다. 거래를 시작하기 위해선 핵심 품목의 주문을 줘야 하는데, 이미 제조업체의 지역 대리점으로 계약된 상황이었습니다. 단순히 단가와 같은 거래조건이 문제가 아니었죠. 대부분 사장님은 처음엔 호의를 보이다가도 대리점 계약 때문에 거래할 수 없다는 식으로 대답했습니다. 크게 낙담했습니다. 지방 출장길에 저녁 늦게까지 술자리를 갖고 여관방에 혼자 누워 천장을 보며 생각했습니다. 며칠 동안 못 본 가족들 얼굴이 어른거렸습니다.

'음… 어떤 방법이 없을까… 아무래도 기존 방식대로는 거래를 틀 수 없겠지. 이대로 올라가면 오랜 출장을 참아준 와이프 볼 낯도 없는데…'

그렇게 불면의 새벽을 맞이했습니다. 그때 불현듯 떠오른 생각 하나.

'앞으로 대리점 체계가 영원불변하는 건 아니잖아? 현재 상황을 인정한 상태에서 궁리하니 방법이 나오지 않았던 거야!'

작지만 우선 다른 품목들로 거래를 시작했습니다. 그렇게 안면을 트고 대리점권과 관련하여 자세히 살피게 되면서 사장들의 애로사항을 알게 됐습니다. 대리점권을 받는 조건으로 수천만 원의 담보를 맡겨 둔 상태였지요. 저는 다양한 품목을 경쟁력 있는 가격으로 제시하면서 대리점권을 반납할 것을 제안했습니다. 한 명 두 명 저의 제안을 수락하는 대표가 잇따랐고 제조업체의 시장 장악력은 하락하는 결과를 가져왔습니다. 매출 증대를 통해 매입량을 늘려 갔고 우리 회사는 전국에서 내로라하는 대형 대리점보다 더 매출을 키울 수 있었습니다.

후발주자라면 선발주자와 정면 승부에선 승리할 가능성이 매우 낮습니다. 그들이 오랫동안 다져 온, 업계가 돌아가는 원리를 받아들이는 순간, 적지 한가운데서 전투하겠다는 것과 다름이 아니겠죠. 파고들 '틈'을 발견해야 합니다. 이는 묘수나 묘책에서 나오는 것이 아니라 당연하게 생각하는 기성 관념을 되짚으며 나올 가능성이 높습니다.

깨달음으로 이끄는 질문: 비즈니스 인사이트를 어떻게 얻을 수 있을까요?

리더의 자리는 실무자 때와는 다른 차원의 통찰력이 요구됩니다. 이에 독서를 떠올리는 사람이 많을 겁니다. 독서는 필요하지만, 전부는 아닙니다. 새로운 자극 중 하나일 뿐입니다. 따라서 예전에 하지 않던 경험에 자신을 노출하는 계기를 갖도록 합니다. 이에 따라 입수되는 새로운 정보가 기존의 경험과 지식 간의 융합을 거쳐 새로운 통찰이 생기게 됩니다.

여기까지 들으면 정보와 경험의 조합이 전부처럼 들립니다. 하나를 더하자면 혁신적인 통찰을 원한다면 기존의 관례와 관행에 대해 다시 생각해야 합니다. 어느 업계나 당연하게 여기는 고정관념이 있습니다. 이를 없애거나 극복하려는 마음을 먹어야 합니다. 단순히 사고만의 이슈가 아닙니다. 이때 '용기'가 필요합니다. 기득권층의 반발과 저항이 있을 것이기 때문입니다. 인사이트는 실행으로 연결돼야 실효적 의미를 갖습니다. 머릿속에만 있는 아이디어는 망상에 지나지 않습니다.

함께 보면 좋아요: 〈팀장으로 산다는 건〉 '인사이트를 주는 영화 4선' `150p`
'신박한 아이디어 창출법' `97p`, '실적이 좋을 때, 진짜 해야 할 일' `134p`

PART 3

팀장으로
발전한다는 건

처음부터
힘든 이유가 있었다

"조직개편 되면서 팀장님께서 다른 부서로 이동하셨죠. 본부장께서 잠시 보자고 하시더니 팀장을 맡으란 말씀을 하셨습니다."

"갑자기 팀장님께서 퇴사하는 바람에 공석이 생겼고, 고참 팀원이라는 이유로 바로 팀장이 됐습니다."

"이직하면서 팀장이 됐습니다. 하지만, 인터뷰 때는 주로 제가 했던 일을 위주로 확인을 했었고요, 제가 맡게 될 팀에 대해선 별도의 설명은 없었습니다."

대부분 팀장은 이렇게 시작합니다. '일을 잘했으니까', '오래 다녔으니까', '지금 필요하니까', '별 문제는 없으니까'라는 이유로 말이죠. 팀장이 어떤 자리며, 무슨 일을 해야 할지에 대해선 자세한 설명이 없습니다. 회사는 그저 직책을 맡기며 잘해 보라고 합니다. 마치 '돌격, 앞으로!'라는 명령만 있지 어디로 가야 할 지 모르는 상황과 크게 다르지 않습니다.

팀장을 모른 채 팀장이 된다

전작 〈팀장으로 산다는 건〉을 출간한 후로 강의, 강연, 코칭 등을 통해 많은 팀장님을 만났습니다. 사전 허락을 전제로 설문조사를 진행했었고, 팀장 임명 전에 준비 과정이 있는지를 물었습니다. 결과는 예상을 뛰어넘는 수준이었습니다. 절반에 가까운 45.7%의 팀장이 교육이나 설명을 듣지 못했으며, 충분치 못했다는 대답은 26.0%에 달했습니다. 거우 28.3%만이 사전에 준비를 할 수 있는 기회를 가졌던 겁니다.

특이했던 사항은 대기업이라고 상황이 크게 다르지 않았다는 것입니다. 물론 제가 대기업 팀장 전부를 만난 것은 아닙니다만, 나름의 체계를 갖추

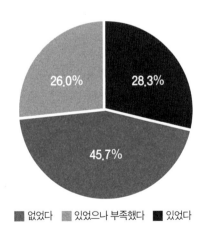

팀장이 되기 전 리더십 교육을 받거나 팀장 역할에 대해 자세한 설명을 들은 적이 있었습니까
대기업, 중견기업, 벤처기업 팀장 783명 대상, 2021.04 ~ 2022.2 설문

171

고 있을 것 같았던 기업들의 상황마저 이렇다니 매우 놀랄 수밖에 없었습니다.

더욱더 안타까운 점은 단순히 리더십 교육을 받지 못했다는 것보다 적절한 인계를 받지 못하는 부분이었습니다. 분명 앞선 팀장이 고민하던 이슈가 있었을 것이고, 그 부분 역시 후임 팀장이 해결할 당면 과제가 될 터인데, 그런 과정이 생략된 채 덜컥 자리에 앉게 된다는 것이죠. 수강생 중 한 팀장님께서는 회사와 대판 싸우고 나간 전임 팀장에게 염치 불고하고 사정하며 예전 히스토리를 얻어들었다는 하소연을 했습니다.

팀장은 어떻게 선발돼야 하나

우선, '리더'에 대한 인재상이 준비되어 있어야 합니다. 구인 공고나 회사 웹사이트를 보면 기업의 인재상을 확인할 수 있습니다. 직원 전체가 아닌, 그 직원을 이끌 리더가 가져야 할 능력과 덕목과 관련한 사전 정의가 필요합니다. 이것이 없기 때문에 또는 인식하지 못하기에 성과 높고, 오래 다닌 팀원이 팀장이 되는 것을 당연시합니다. 준비가 안 돼 있는 팀장 본인이나 부적합한 팀장의 지휘를 받게 되는 팀원이나 모두 좌충우돌을 예약하며 시작하는 꼴입니다.

팀장이 될 만한 재목을 사전에 키워야 합니다. '우리 회사는 핵심 인재(우수사원) 제도가 있는데?' 하실 분이 있을 겁니다. 문제는 선발의 기준이 개인의 성과를 기반한다는 것입니다. 그냥 공부 잘하는 우등생을 모아둔 것이지, 리더의 재원은 아닐 수 있습니다. 과장급 이상의 팀원이라면 성과 외에 역량 평가 시에 '리더십' 항목을 넣어 평가하고, 이 항목에서 좋은 평가를 받는 사람이라면 리더 후보급 인재로 분류하고 육성하는 게 효과적입니다. 아울러 선발과 육성을 위한 별도의 위원회가 있어야 합니다. 그렇지 않으면 직속 상사 위주의 의견대로 관철될 가능성이 높습니다. 필요하다면 외부의 리더십 전문가를 참여시켜 내부의 잡음을 줄이고 객관성을 높이는 것도 좋은 방법입니다. 인사결과에 대한 직원의 수용도를 높이는 긍정적인 결과를 낳을 것입니다.

리더는 일을 직접 하는 사람이 아니라는 점을 착안합니다. 리더는 사람을 이끌어 일이 되게끔 하는 사람이죠. 우리가 잘 아는 명장 히딩크 감독은 선수 시절 부상 탓에 두각을 나타내지 못했습니다. 베트남 국가대표팀을 맡은 박항서 감독 역시 대한민국 국가대표로 단 한 경기만을 뛰었던 선수였습니다. 심지어 지난 도쿄 올림픽에서 전 국민에게 감동을 안겨준 여자배구 국가대표팀 스테파노 라바리니 감독은 아예 선수로 뛰어본 적이 없는 사람입니다. '선수 시절 뛰어났으니까', '팀원이었을 때 성과가 좋았으니까' 이런 생각이 혹여 임명 후 실패하더라도 책임을 면피하려는 생각에서 나온 것은 아니길 바랍니다.

최근 외국계 기업에서 '리더십 파이프라인' 제도를 운용하는 것을 엿볼 기회가 있었습니다. 우리의 '팀장'과는 딱 맞아떨어지진 않지만 '매니저'를 육성하는 프로그램이 있고, 사내에서 아주 중요한 일이라는 인식에 따라 전폭적인 관심과 지원을 하고 있더군요. 공식적으로 '핵심 업무'로 취급하더란 말씀입니다.

리더의 재목이 아닌 한 명을 그 자리에 앉히면 결국엔 '두 명'을 잃게 됩니다. 과거에 유능했던 실무자 한 명과 앞으로 톡톡히 역할을 해낼 리더 한

명 말입니다. 이런 우를 범하는 행태가 반복되지 않길 희망합니다.

팀장은 언제 임명하는 것이 좋은가

일반적으로 팀장 관련 인사는 임원 인사에 후속하는 경향이 있습니다. 그렇다 보니 연말연시를 지나 연초에 이뤄지는 경우가 많은데요, 이는 많은 문제점을 낳고 있다고 봅니다. 우선, 신임팀장은 전임팀장이 짜 놓은 계획을 수동적으로 받게 됩니다. 이는 자기 생각을 녹여 넣지 않은 계획을 실행하게 만들어 핑곗거리를 만들 공산이 큽니다. 따라서 '3분기' 중에 임명하는 것이 바람직합니다. 그래야 다음 해 계획 수립까지 대략 3~5개월의 시간을 가지면서 숨을 고를 수 있습니다.

4Ws 1H	내용	비고
Who(주제)	팀장 선발위원회	상시 조직화 필요(육성)
What(대상)	리더십 역량이 있는 팀원 중 선택	팀원 중 없는 경우, 외부 영입 고려
Why(이유)	리더 역할을 담당할 인재를 제대로 선정하기 위해서	
How(방법)	역량 평가 결과를 중심으로 산정	일부 성과 평가 결과 가미
When(시기)	3분기 중 임명	연간 계획-실행 사이클 고려

팀장 선발(임명)의 원칙(4Ws 1H) @김진영

경영 활동의 순환 주기는 'Plan계획-Do실행-See평가'입니다. 처음으로 책임지는 위치에 선 팀장에게 이 주기를 시작부터 감당할 수 있도록 허용해 주는 것이 좋다고 봅니다. 그래야 팀원도 자연스럽게 연간 업무 리듬에 맞게

적응하기가 수월합니다.

임명과 함께 고뇌가 시작되지 않도록

현재와 같이 팀장 임명 전에 적절한 준비가 없는 상황이 계속된다면 신임 팀장의 고민은 계속될 겁니다. 이것은 문제를 잉태하는 시스템을 그대로 방치하는 상황처럼 보입니다. 임명 후에 리더십 교육을 하는 '사후약방문死後藥方文' 같은 처사가 이어지게 되고요.

리더십이란 개인의 영역이 큰 것이 사실이지만, 개인에게 시간과 기회를 현명하게 제공하는 것은 조직의 몫입니다. 시스템이 먼저 준비해 준다면 신임 팀장의 안착이 보다 순조로울 겁니다.

깨달음으로 이끄는 질문: 사내 리더십이 남성 중심입니다. 여성 리더로서 리더십을 향상할 방법이 있을까요?

리더십 교육의 형태는 주로 ① 개별 기업 과정과 공개 과정으로 구분됩니다. 공개 과정은 다시 ② B2B와 ③ B2C과정으로 나뉩니다. ①, ②는 비용을 기업이 부담하지요. 즉, 의무 교육이라는 것입니다. 수강생의 남녀 비율은 대략 80~95% vs. 5%~20% 정도입니다. 흥미로운 점은 본인이 부담하는 ③의 경우 비율은 정반대라는 것입니다. 왜 그럴까요?

우선 조직 내에서 여성으로서 리더십을 구축하기 어렵기 때문입니다. 그렇기에 본인 돈을 쓰면서까지 성장을 모색하는 것입니다. 제가 더욱 주목하는 점은 상대적으로 여성 리더는 자기 실수를 인정하고 남에게 털어놓는 자세를 갖고 있다는 것입니다. 1:1 코칭 전에 본인의 이슈를 사전에 받는데요, A4로 7장까지 써 주신 분이 있었습니다. 강의나 독서보다는 직언을 해주면서, 진척 상황을 점검해 줄 수 있는 외부 코치를 찾아보길 추천 드리며, 힘껏 응원하겠습니다. 경험상 그렇게 첫걸음을 내딛는 분은 이미 훌륭한 리더입니다.

함께 보면 좋아요: 〈팀장으로 산다는 건〉 '리더가 될 사람은 따로 있다' `24p`, '에필로그' `228p`

리더는 자신의 언어로
분명하게 말한다

"본부장님, 그 부분은 재고해 주시면 어떨까 싶습니다."

20XX년 봄 어느 날, 우리 회사는 큰 사업의 입찰을 앞두고 난처한 상황에 부닥쳤습니다. 제안요청서RFP 상에 있는 개발 요소 중 특정 기술 확보가 난항에 빠진 것이죠. 애초 자체 개발이 가능하다 생각했지만, 기술연구소장이 최종적으로 불가능을 통보했기 때문이었습니다. 어쩔 수 없이 다른 대안을 찾아야 했는데, 본부장님은 A사와 공동수급이 불가피하다고 했습니다.

"A사는 우리와 수년간 치열하게 싸우는 경쟁사인데, 어떻게 함께 할 수 있겠습니까? 아시겠지만 감정적으로 좋지 않은 관계이고, 함께 하자면 기술 요소를 가진 A사가 주도하게 될 텐데 말이죠."

"그럼 김 팀장은 다른 대안이 있나? 우선 사업은 들어가야 할 거 아니야? 그리고 '적과 동침'이란 말도 있잖아! 사고가 유연해야지, 안 그래?"

'적과의 동침이라… 그건 적에게 내가 잡아 먹히지 않을 때만 성립하는 말이지.'

아래에서 치밀어오는 말을 꾹 참았습니다.

"알겠습니다."

본부장님과 회의가 끝난 후 바로 팀 미팅을 시작했습니다.

"우리 ○○○ 사업 입찰 건 말이죠… A사와 협업하는 거로 본부장님께서 결정하셨습니다."

팀원 모두 술렁거리기 시작했죠.

"팀장님, A사하고는 완전 원수지간인데, 우리가 머리 숙이고 들어간다고요? 같이 일할 자신이 없습니다. 말도 안 되는 일이라고요."

박 과장이 포문을 열었습니다.

"기술적으로 A사에 의존한다면 우리가 얻을 게 없는 상황입니다."

"일은 우리 회사 사람이 하고, 돈은 A사가 가져갈 겁니다."

"여러분 뜻을 모르는 것은 아닙니다. 본부장님께서 결정하신 사항이니 따라주십시오."

리더는 회사의 대리인이다

많은 리더가 직원에게 말하는 것에 부담을 갖습니다. 특히 본인이 납득하지 못하는 지시 사항을 전할 때 유독 그렇습니다. '사장님이 시켜서', '상무님이 이렇게 결정했으니' 같은 사족을 답니다. 저 역시 그렇게 말했습니다. 솔직히 속마음은 이랬던 것 같습니다.

'나도 이게 말이 안 된다는 거 알아. 적어도 내 뜻은 아니라는 걸 알아 달라고.'

하지만 지시를 듣는 직원은 어떻게 생각했을까요? 팀장의 본의를 알아차리고 이해했을까요? 그 반대였을 거로 생각합니다.

'팀장은 그냥 위에서 내린 지시를 받아오기만 하는 거야?'
'상무님 지시를 전달할 거면 팀장은 왜 있는 거야?'

의사결정 과정에서 다양한 의견이 존중되고, 충분한 토론이 있어야 하는 것은 당연한 얘기입니다. 다만, 그것은 결정이 내려지기 직전까지 얘

기이죠.

요즘 세상은 불확실한 시대라는 말이 넘쳐납니다. 그것은 의사결정 과정에서 정답에 가까운 판단을 하기가 어려워졌다는 것입니다. 과거에는 결정의 내용 자체가 절대적으로 중요했다면, 이제는 결정 이후 '실행 과정'이 점차 중요해지고 있습니다. 다소 부족한 결정이라도 실행 과정에서 교정과 보완이 가능하다는 것이죠. 이런 점을 생각하면 '윗사람' 핑계를 대는 리더의 말이 일을 바라보는 직원의 태도에 어떻게 작용할지 생각해 볼 만합니다. 회사의 결정을 적절히 설명하며 실행을 독려하는 것이 관리자의 중요한 역할이니 말입니다.

에둘러 한 말이 초래할 결과

리더의 잘못된 말투는 피드백 시에 많이 발견됩니다. "나는 그렇게 생각하지 않는데, 직원들 사이에 소문이 있어서…", "본부장님께서 이렇게 말씀을 하시던데…" 이런 식으로 말문을 여는 것을 부드러운 접근이라고 생각하는 리더가 적지 않습니다. 회사는 사적 대화를 하는 공간이 아님을 우리는 잘 알고 있습니다. 공감해 주는 말이 필요합니다만, 리더의 말은 리더 본인의 생각을 담아 자신의 말로 해야 합니다. 그 생각은 당연히 회사의 입장이 되겠지요.

회사에서 왜 '팀장', '본부장'이라는 직책을 줬을까요? 그것은 회사의 공식적인 개체가 됐다는 것을 의미합니다. 정식 라인이 됐다는 것이며, 회사는 당연히 회사의 결정 사항을 알리고 실행해 주길 기대하는 것입니다. 회사의 희망 사항과는 달리 본인의 심정을 담는 순간, 직원의 동기를 떨어뜨리고, 실행에 집중하지 못하게 될 수 있습니다. 회사의 지시를 하달할 때는 '나'를 앞세우면 안 됩니다. 이는 마치 끈 떨어진 허공의 연* 신세와 비슷합니다.

독일 철학자 마르틴 하이데거는 '언어는 존재의 집'이라고 했습니다. 이는 쓰는 언어에 따라 그 사람의 존재를 말해 준다는 뜻이지요. 경영진의 결정이 찜찜하더라도 상부의 뜻을 나의 뜻으로 삼고 단호하고 명쾌하게 말해야 합니다. 그러면 실행에서 만회할 기회를 가질 수 있습니다. 직원들이 당신의 뜻과 함께할 겁니다.

깨달음으로 이끄는 질문: 의사결정에 어려움을 느낍니다. 도움이 될 만한 방법이 있을까요?

리더에게 의사결정은 곧 '책임'을 의미합니다. 본인의 판단에 책임을 지려는 리더는 그 무게가 막중함을 절감하곤 하지요. 그래서 중대한 의사결정 앞에서 망설이게 됩니다. 이렇게 부담 백배인 의사결정의 최근 변화에 대해 말씀드리겠습니다.

예전에는 리더의 결정이 매우 중요했습니다. 당시의 결정 사항은 불변의 답으로 모두 일사불란하게 실행에 매진했기 때문에, 한 번의 잘못된 결정은 곧바로 조직의 쇠락을 가져올 수 있었습니다. 따라서 의사결정 과정은 매우 신중하고, 시간이 걸렸지요. 하지만 지금은 시대가 달라졌습니다. 하나의 답만 있지 않으며, 답이 중간에 변경되는 경우까지 생겼습니다. 이처럼 결정하고 실행 후에 다시 답을 보완하는 상황이 점차 많아지고 있습니다. 따라서 의사결정은 단번에 끝맺는 행위가 아닌, 더욱 역동적인 과정으로 이해함이 옳습니다. 이제 정답을 결정하는 것이 아니라 '해답을 만들어 가는 시대'가 됐습니다. 결정 후에도 그 결정을 옳은 결정으로 만드는 기회가 남아 있는 것입니다. 유명한 재즈 연주가 마일스 데이비스의 명언입니다.

"당신의 연주에서 틀린 음이란 없다. 그건 다음에 오는 음이 결정하는 것이다."

함께 보면 좋아요: 〈팀장으로 산다는 건〉 '대화는 했지만, 통한 건 아닐지도' `69p`, '신박한 아이디어 창출법' `97p`

리더십은
개인기가 아니다

연말이 되면 인사평가 시즌이 다가옵니다. 누군가는 실적을 다 채웠다는 안도감에, 누구는 부족한 실적 탓으로 절박감에 빠지게 되는 순간이죠. 이런 계절적 상황에다 팀장의 고민은 하나 더해집니다. 그것은 바로 인사평가 결과가 좋지 않은 직원에게 피드백하는 것입니다. 해당 팀원과 자리를 마주 앉아 말을 꺼내면 분위기는 바로 '갑분싸' 됩니다. 예전처럼 그냥 개별 통보하고 끝내면 좋으련만, 자기가 총알받이 신세가 된 듯한 기분입니다. 매년 2월 또는 3월이 두려워지는 이유입니다.

일반적으로 다음과 같이 피드백할 것을 권장합니다(자세한 내용은 '피드백' 편 참고).

- **시작** 인사 평과 결과에 대한 반응을 확인한다. 대부분 실망, 좌절, 불인정, 분노 등의 감정을 표출할 것이다. 우선, 감정 상태에 대해 공감해 주며 시작한다.

- **전개** 결과가 산출된 근거를 제시한다. 최대한 감정을 자제하고 객관적으로 말한다.
- **확인** 근거에 대해 해당 직원의 의견을 묻는다. 수긍해 주면 좋겠지만 상당수 그렇지 않을 것이다.
- **설득** 이 단계에 접어들면 과거 행동보다는 미래 개선에 대해 말한다. 이미 지나 버린 과거를 갖고 논쟁하는 것은 합의에 이르기가 어렵기 때문이다. 팀장 입장에서 어떤 부분을 도와줄 수 있는지, 해당자는 어떤 노력을 해서 개선할지에 집중하도록 한다.
- **다짐** 시작은 과거였지만 끝은 미래로 끝낸다. 앞으로 어떻게 할지 실행과 지원의 약속을 하며 마무리한다.

대략 이 정도입니다. 결과가 나온 마당에 팀장의 미션은 그것을 수용하도록 납득시키는 것입니다. 따라서 얼마나 부드럽게, 무리 없이 대화하는가에 초점이 맞춰져 있습니다. '그래, 이 정도가 최선이야~ 예전에는 이런 피드백 자체가 없었잖아!'라며 자위하다가 문득 이런 생각이 들었습니다.

'내가 왜 이 무거운 짐을 지고 가야 하지? 나 혼자만?'

리더십은 개인기인가?

물론 리더십의 출발은 '자신'입니다. 회사는 팀장이란 직책은 줬지만 리더십까지는 줄 수 없기 때문입니다. 철저히 셀프입니다. 그래서 리더십 교육의 시작은 '자기 관리'에서 시작해야 합니다. 아쉽게도 '자기 관리'가 빠진 리더십 프로그램이나 서적이 상당수입니다. 아마도 본인을 반추하다 보면 부족한 부분, 잘못된 부분과 마주하기 때문이 아닐까 싶습니다. 리더로 바로 선다는 것은 자신을 아는 데부터 시작합니다. 이런 맥락에서 리더십 논의가 대부분 리더 본인에 집중되는 것은 당연하게 여겨집니다. 그래서 '리더십은 개인기'라는 인식이 은연 중에 널리 퍼져 있습니다.

저는 축구를 생각해 봤습니다. 개인기 하면 당연 '브라질' 국가대표팀을 떠올릴 것입니다. 월드컵에서 역대 다섯 번 우승으로 최다 우승국이며 현란한 드리블을 시전하는 네이마르 같은 스타 플레이어들이 즐비한 팀입니다. 그래서 늘 우승 후보 중 하나지만 매번 우승하는 것은 아닙니다. 현재 FIFA 랭킹 역시 1위가 아닙니다. 축구 경기에서 개인기는 매우 중요합니다. 우리나라 국가대표팀에도 선수의 개인기 부족을 비판하는 글이 자주

보입니다. 다만, 축구는 개인기만으로 하는 것은 아니죠. '조직력'도 함께 갖춰야 합니다. 우리 나라가 아시아 축구를 대표하는 것은 그나마 조직력 덕분이 아닐까요?

그라운드에 팀장을 혼자 두지 말라

처음 얘기했던 인사 평가의 결과 피드백 사례로 돌아가겠습니다. 팀장은 사전에 학습한 대화 기술을 가지고 실행에 들어갑니다. 현실적으로 팀원을 충분히 납득시킬 성공률이 높지 않을 겁니다. 그럼 대화 기술을 좀 더 연마해야 할까요? 그럴 필요가 있겠지만 '조직'이 미리 나서 줬다면 어땠을까 싶습니다.

앞서 언급한 것과 같이 인사평가 결과 피드백이 어려운 과제처럼 느껴지는 것은 해당 직원의 수용도를 높이기가 만만치 않기 때문입니다. 그래서 부드럽게 말하고, 자료로 말하고, 객관적으로 말하라고 합니다. 하지만 일

년에 한 번 하는 탓에 금방 이렇게 되기가 쉽지 않습니다. 피드백이 사전에 여러 번 있었다면 어땠을까요?

차량을 운행하다 목적지에 도달하면 계기판은 주행 평균속도, 주행 시간 등의 주행 관련 사항을 보여줍니다. 의미가 없진 않지만 우리는 운행 중에 속도나 잔여 시간 등을 보면서 달려왔습니다. 그래서 불안해 하거나 정보 부족을 느끼진 않았지요. 피드백도 이렇게 해보면 어떨까요? 실제 선진 기업들은 분기, 반기 피드백을 정례화하고 있습니다. 평가자나 해당자 모두기억이 살아 있는 근거를 갖고 말할 수 있고요. 이번 분기 평가가 좋지 않더라도, 다음 분기가 남아 있으니 보충할 기회가 있는 것이죠. 둘 간의 대화도 가능성에 집중할 수 있을 겁니다. 이렇듯 평가 결과에 대한 직원의 예측 가능성을 올려주는 것은 수용도와 신뢰성을 높이는 방법이 될 수 있습니다.

조직 차원에서 제도적 보완과 개선을 한다면 현업 팀장의 수고와 고충을 덜거나 완화시킬 수 있습니다. 리더십 이슈를 리더 개인에게만 일임하는 풍토는 리더와 구성원 모두를 힘들게 합니다. 개인기가 중요한 만큼 조직력도 중요합니다.

'우리 조직이 조직 답게 작동하고 있는가?'

이것이 조직의 최상위 리더에게 드리는 저의 질문입니다. 귀하의 답은 무엇입니까?

깨달음으로 이끄는 질문: 조직적으로 팀장의 리더십을 지원하는 것이 그렇게 중요한 의미를 가질까요?

코로나 팬데믹이 시작되고 나서 얼마 후 일단의 팀장들과 회합을 가진 적이 있었습니다. 다들 처음 겪게 된 원격근무 환경에서 혼란스러운 모습이었습니다. 그중 한 팀장이 이렇게 말했습니다. "원격근무 수칙을 회사에서 정해서 내려 줬더라면 좋았을 텐데요."

자율성을 강조하는 트렌드와는 맞지 않을 수 있겠다 싶다가도, 현업 팀장 입장에선 난감한 상황을 오롯이 견뎌야 했던 상황이 원망스러웠을 것 같았습니다. 조직 차원에서 제대로 한 번 고민해 주면 수십, 수백 팀장의 수고를 덜고 원래 업무에 보다 매진하도록 할 수 있습니다. 아울러 조직적으로 리더십이 지원되는 체계가 갖춰지게 된다면 회사의 가치체계, 경영이념 등의 내재화를 가속할 수 있게 됩니다. 또한 팀마다 다른 수준의 리더십 편차를 줄여서 안정적이고 일관된 운영이 가능한 체계를 기대할 수 있게 됩니다.

함께 보면 좋아요: 〈팀장으로 산다는 건〉 '리더가 될 사람은 따로 있다' 24p, '철학이 있는 성과관리' 124p

실패를 예정하며 시작되는
혁신 활동

근래 여러 기업에서 다양한 혁신 활동에 나선 경우를 보게 됩니다. 'DT'Digital Transformation, 디지털 전환', 'Agile애자일', 'ESGEnvironmental, Social and Corporate Governance, 환경, 사회, 기업 지배구조', 'PIProcess Innovation, 프로세스 혁신' 특히 최근 유행하는 '디지털 트랜스포메이션'을 화두로 그룹 차원에서 전면적으로 추진되는 사례가 많습니다.

분명 언론에서 해당 기업의 혁신에 대한 칭송과 관심의 기사를 본 것 같은데, 실제 관계자를 만나 보면 실망스런 말씀을 많이 듣게 됩니다.

"너무 어려운 일입니다. 2년 동안 수십 억 원을 쏟아부었는데, 결국 실패하고 말았습니다. 그룹 내부적으로 쉬쉬하는 상황입니다."

"15~20년 전 진행했던 ERP 구축 프로젝트쯤으로 생각했던 것 같아요. 요즘은 기술만의 문제가 아닌데 말이죠. 복잡성이 더 커졌습니다."

직원 개개인은 스펙이 월등해졌고, 진보한 업무 도구를 갖추고 있고, 좋은 정보가 많은데 왜 이런 상황이 벌어졌을까요?

혁신 활동의 잘못된 시작

예전에 수년 간의 누적 적자로 인해 '턴어라운드(기업 회생)'를 진행 중인 대기업 직원과 함께 프로젝트를 수행할 기회가 있었습니다. 제가 맡은 업무 추진을 위해 인터뷰를 했는데, 무척이나 피곤해 보였습니다.

"많이 지칩니다. 제 원래 업무보다 혁신 업무가 더 많아요. TF로 배속은 돼 있는데, 원래 부서에서 계속 콜이 옵니다. 그쪽도 사람이 부족한 상황이니 거부할 수 없지요. 제 업무량은 거의 두 배가 된 셈이에요."

맞습니다. 여러 기업의 혁신 활동이 실패를 '예정'하며 시작되는 가장 근원적인 이유는 '일을 더 해야 하기 때문'입니다. 지금도 바빠 죽겠는데, '혁신 활동'이라는 새로운 일이 또 떨어진 겁니다. 해야 한다는 당위성은 알겠지만, 그것 때문에 기존의 일을 할 시간과 자원은 줄어들고 맙니다. 그러니 예전에 없던 다른 문제점이 생겨납니다. 불확실한 혁신 활동 자체에 대해 불안감이 적잖은 상태에서 새로운 업무를 병행하는데, 기존 업무에서 계속 이슈가 생겨나니 시작부터 회의감이 팽배하게 되는 것입니다.

사람은 기계가 아니기에 투입이 늘어나는 대로 산출이 느는 게 아닙니다. 처리 방식을 그대로 두고 그걸 바란다면 결국 프로세싱 부분이 망가지거나 직원들은 그렇게만 보이는 꼼수를 찾게 될 것입니다. 안타깝게도 아직도 조직의 적지 않은 중간 리더는 경영진을 속이는 관행에 젖어 있는 게 사실입니다.

줄이고, 버리고 나서 시작하자

우리는 관성적으로 대안이나 해결책을 찾을 때 이렇게 생각하는 경향을 가집니다.

- 이번 프로젝트 성공을 위해 반드시 해야 할 일은 무엇인가?
- 우리 조직의 업무 중에 더욱 집중할 부분은 어디인가?
- 올해 목표 달성을 위해 추가로 필요한 사람은 누구인가?

이 같은 생각 자체가 잘못된 것은 아닙니다만, 답이 금방 떠오르지 않는다는 공통점이 있습니다. 오히려 정반대로 생각해 보면 앞으로 나아가기가 수월해집니다.

- 이번 프로젝트가 성공을 위해 해서는 안 되는 일은 무엇인가?
- 우리 조직의 업무 중에서 가장 덜 중요한 부분은 어디인가?
- 올해 목표에 달성을 위해 덜 필요한 사람은 누구인가?

사람들은 일에 접근할 때 대부분 '덧셈'을 먼저 생각합니다. 흥미로운 최근 연구가 있어 소개합니다. 2021년 4월 네이처 지에 실린 〈People systematically overlook subtractive change〉(사람들은 뺄셈을 통한 변화를 간과

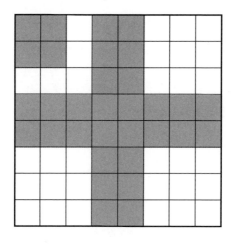

사람들은 뺄셈을 통한 변화를 간과한다 2021년 4월 네이처

한다)에 보면 다음과 같은 실험이 나옵니다.

아래와 같은 같은 격자형 패턴을 줍니다. 클릭하면 색이 파란색으로 변하게 되는데요, 최소 클릭으로 상하좌우 대칭으로 만들라는 과제를 부여할 때, 많은 사람이 오른쪽 상단과 하단, 왼쪽 하단을 클릭해서 대칭으로 만든다고 합니다. 왼쪽 상단 네 번의 클릭만으로 가능한데 말입니다.

이처럼 덧셈을 먼저 떠올리는 사람들의 마음은 뭔가를 해야 한다는 강박의식과 크게 다름이 없습니다. 혁신 활동을 제대로 수행하기 위해선 일을 줄이는 개선 활동이 선행돼야 합니다. 물리적인 시간과 에너지를 확보해야 혁신 추진의 기초 체력을 다질 수 있을 것입니다.

첫째, '아래에서 위'로의 추진을 중심에 둡니다.

일의 방식을 바꾸는 이슈에선 '위에서 아래'로 지향하면 조직적 저항이 나타날 개연성이 큽니다. 일을 덜어내는 프로젝트인 만큼 조직에 미치는 영향은 상대적으로 적을 것입니다. 센스 있는 2030세대 직원에게 책임을 맡기면 잘 해낼 겁니다. 또한, 이들은 기성 프로세스에서 상대적으로 자유롭기는 합니다.

둘째, 사업본부 또는 팀 등 작은 단위별로 시행합니다.

위에서 설명한 덧셈 경향성에 더해 혁신 활동과 관련된 또 하나의 고정관념이 바로 '전사적인', '통합적인' 추진입니다. 소위 '빅뱅'이라고도 하는데, 강력한 리더십 아래에서 모든 사업과 기능을 일순간에 바꾸는 방식입니다. 사업의 복잡성이 낮고, 단위 역량이 낮은 수준에서는 효과적이라 할 수 있겠지만, 현재와 같은 다양한 사업과 인적 구조에 적합할지는 의문입니다. 전형적인 '탑 다운' 방식이기 때문에 작은 단위의 다양성이나 특이점은 간과되기 쉽습니다. 따라서 전사적 차원에서는 스폰서십의 관점에서 지원만 하고, 실행은 전적으로 단위에 맡기면서 추후 도출되는 결과만 확인하는 것이 바람직합니다.

셋째, 덜어내는 활동은 지속합니다.

완벽하게 비효율적인 업무를 제거했거나 줄였더라도 새로운 과제를 진행하다 보면 다시 생겨납니다. 또한 공식적으로 없앴던 과거의 관행이 암암리에 비공식적으로 부활하는 경우도 제법 많습니다. 따라서 줄이고 버리는 개선을 정례화하는 것이 효과적입니다.

몸의 근육을 만들기 위해서는 덤벨을 들어 올리는 것이 아니라 '감량이

먼저입니다. 부자가 되는 첫걸음은 투자가 아니라 '절약'입니다. 혁신 활동
역시 무언가 더 하면서 시작하는 게 아닌 것이죠. '뭘 덜 할까?' 고민하면서
시작해야 예정된 실패에서 벗어날 수 있습니다.

깨달음으로 이끄는 질문: 혁신 활동의 성공이 어려운 이유는 무엇일까요?

일반적으로 강력한 기존 사업, 단기간 성과 몰입, 조직 내 소통 부재, 실패에 대
한 두려움, 결단력 부족 등이 그 이유로 자주 언급됩니다. 일반적인 분석은 다른
매체에서 많이 있으니 저는 다른 얘기를 해보려 합니다. 프로젝트를 함께 했던
외국인 친구에게 들은 얘기입니다.

"미스터 김, 한국 사람들은 아침을 먹으면서 강의를 듣는다고? 대표들이?"

그 말을 들으니 예전 회사 대표님이 생각나더군요. 조찬 강연회에 다녀오면 '우
리 회사도 이거 해보자', 기획팀에서 이것 좀 검토해 봐라고 하셨었지요.
트렌드를 확인하고 새로운 정보를 구하는 노력 자체는 필요한 활동입니다. 다
만, 혁신 활동을 유행처럼 실행하는 조직이 있습니다. 지금 하지 않으면 기회를
놓친다고 생각하는 강박 의식도 한몫 한다고 봅니다.
트렌드 세터라 불리는 사람을 떠올려 보세요. 그저 유행을 따라가는 사람이 아
닙니다. 자신의 것으로 소화해 내는 사람입니다. 혁신 활동도 이제는 우리 기업
중에서 선도자가 많이 나오길 기대합니다.

함께 보면 좋아요: 〈팀장으로 산다는 건〉 '똑똑한 팀장도 이상한 결정을 한다' `103p`,
'실적이 좋을 때 진짜 해야 할 일' `134p`

사장처럼 일하라는
말의 의미

"아, 김 코치님? OOO입니다."

"네, 대표님, 안녕하세요?"

"실례가 되겠는데⋯ 오늘 코칭은 순연시키고 지금 저랑 한잔하시면 어떨까요?"

황급히 점심 술자리에 가보니 그는 벌써 거나하게 취해 있었습니다.

"어⋯ 김 코치, 아⋯ 아니 코치님, 오셨네. 이리 와서 앉으세요."

자리에 앉아 말없이 한동안 있었더니 그가 정신을 추스르는 것 같았습니다.

"미안합니다. 이런 모습을 보이는 게 아닌데, 코치님이 편해서 그렇습니다."

이윽고 혼잣말같이 내뱉았습니다.

"허어~ 개발팀장 믿었는데… 회의 때 내 편이 돼 주길 바랐는데…"
"그 친구가 늘 그랬거든요. 자기가 사장처럼 일하겠다. 나도 믿었지. 믿었다고."

한 잔 더 하자는 그를 겨우 운전기사와 함께 차에 실어 보냈습니다.

대표의 넋두리

다음 날 인사 담당 임원에게 관련된 이야기를 대략 들을 수 있었습니다. 대표에겐 아들이 하나 있었다고 합니다. 성실하고 똑똑했기에 당연히 가업을 이어받기로 돼 있었는데, 안타깝게도 2년 전 개발팀장일 때 회사 화재 사고로 세상을 등졌다 했습니다. 최근 대표는 아들의 개발 프로젝트의 재추진을 지시했고요. 하지만 아들의 생전엔 그 역시 찬성하지 않았다고 했는데 말이죠.

대표는 아들의 유작을 위해 아집을 부린 것이고, 자신의 편이 돼 주길 바랐던 후임 개발팀장은 반대편에 섰던 겁니다. 워낙 기술 중심 회사라서 대표라고 해도 연구소 의견을 함부로 묵살할 수 없는 분위기라고 했습니다.

술자리로 고생 많았다며 연신 이해를 구하던 임원을 뒤로하고 건물을 빠져나왔습니다. 한 가족, 한 기업의 슬픈 사연이라고 치부하기엔 기시감이 들면서 찝찝함이 남았었죠.

'사장처럼 일해라… 상사한테 많이 들어본 말인데, 진짜 의미는 도대체 무엇일까?'

주인의식 시즌2인가?

처음에는 '주인의식을 갖고 일하라'와 비슷한 맥락이 아닌가 생각했습니다. 저는 그 말을 '빠릿빠릿하게 알아서 찾아서 일하라'는 말과 유사하다고 봅니다. 직원은 결코 주인이 될 수 없는 구조에서 열정을 포장하는 것으로 말이죠. 시즌2와 같은 생각이 든 것도 이상할 일이 아니었죠.

그러다 앞선 대표의 사례를 접하고 나니 '사장처럼 일하라'라는 것은 '사장의 마인드를 읽어라'라는 뜻으로 들렸습니다. 그래서 직원이 갖길 원하는 사장의 마인드를 정리해 봤습니다.

첫째, 필요한 순간 대표가 돼라.

제품에 불만이 생겨 AS센터에 전화할 때, 이렇게 얘기하는 상담원이 있었습니다.

"그 문제는 ○○ 팀에서 발생한 건데요…"

상담원은 제 불평에 적잖이 서운했나 봅니다. 하지만 고객 입장에선 내부 상황은 하나도 관심이 없습니다. 어떻게 처리해 줄까만 신경 쓰지요. 상담원은 그 순간 회사를 대표하는 사람인데, 아쉬운 대응이 아닐 수 없습니다.

둘째, 시야를 넓게 가져라.

대부분 조직의 리더는 본인이 담당하는 부분에 집중합니다. 당연한 말 같습니다만, 이곳저곳에서 부서 이기주의가 득세하는 상황을 보면 대표는 상당히 답답할 겁니다. 마치 더 큰 사탕을 달라고 하는 싸우는 애들처럼 보이지 않을까 싶습니다.

셋째, 난관이 생기면 돌파하는 방법을 찾아라.

사장 입장에선 루틴 업무를 잘하는 직원보다 문제 상황에 대처를 잘하는 직원이 더 소중한 법입니다. 다만, 요즘 중간관리자는 적극성을 보이기보다 본인 조직에 피해가 없도록 몸을 사린다는 얘기를 몇몇 대표들에게 들은 적이 있지요. 골문까지 공을 잘 몰고 왔는데, 수비수가 모여드는 상황에서 멈춰 있는 모습 같다고들 했습니다.

이 정도 정리하고 나니, '사장처럼 일하라'는 말은 사장이 아니어도 임원이나 팀장 입장에서 아랫사람이 갖고 있어줬으면 하는 마인드가 아닐까 싶었습니다. 주인의식과는 다소 결이 다르다는 생각도 들었고요. 그런데 왜 깔깔한 느낌이 남는 걸까요?

결국은 소통 이슈다

사장의 마인드 자체는 무리가 없어 보입니다. 진짜 문제는 그것의 소통 방식이 아닐까 싶습니다. 팀장을 포함한 많은 리더가 이렇게 말하는 것을 들었습니다.

"요즘 직원들은 내 맘을 몰라주는 것 같아요."
"예전엔 척하면 척이었는데, 아쉽습니다."

그럴 때마다 직원들과 몇 번이나 '본인의 마음과 뜻'에 대해 대화해 봤는지 물어봤지요. 대부분 횟수와 시간이 부족함을 알게 됐습니다. 말도 없이 사람의 마음을 상대가 어떻게 알 수 있겠습니까? 이젠 예전처럼 상사의 심기를 살피는 직원을 기대하기 힘든 시절이 되었고 말이죠.

'내 맘 같이 일하기'를 원한다면 우선 내 맘을 충분히 얘기해야 합니다. 이건 의식적으로 노력해야 합니다. 귀찮고 시간 낭비인 것처럼 보이지만 내 맘을 알아야 할 직원들 입장에서 살펴야 합니다. 한 두번 말한다고 머릿속에 남길 바라는 건 욕심입니다.

대화 없이 이뤄지는 기적은 없습니다

복권을 사지 않고, 로또 당첨을 기대하는 리더는 없길 소망합니다. 아울러 요즘 상사는 예전과 달라진 상황에서 많은 외로움을 느끼고 있음을 직원들이 생각해 줬으면 합니다. 20세기 카리스마형 리더처럼 군림할 수 없을 뿐만 아니라 눈치를 많이 봐야 하는 위치에 몰려 있습니다. 리더십이란 리더만 잘한다고 성공하지 않습니다.

직원의 팔로어십이 양립할 때만 리더십은 온전하게 작동할 수 있습니다. 회사는 리더십과 팔로어십의 양 날개로 날아갑니다.

깨달음으로 이끄는 질문: '팔로어십'하면 예스맨 같은 느낌이 나는데요?

용어와 관련해서 약간의 오해가 있습니다. 사실 100% 리더인 사람은 이 세상에 없습니다. 대기업 그룹 총수라 하더라도 주주, 사회적 여론, 이해관계자 등을 살펴야 합니다. 최근에는 ESG(환경, 사회, 지배구조) 차원에서 따라야 할 부분도 있습니다. 즉, 모든 사람은 리더이자 팔로어이며, 리더십과 팔로어십은 분리되어 있지 않다는 것입니다.

팀장만 하더라도 아래로는 팀원을 이끌고, 위로는 임원을 따라야 합니다. 팀원에게 리더십(팔로어십)을 함양시켜야 할 이유는 많습니다. 우선 리더를 제대로 보필하는 사람이 돼야 합니다. 무조건 복종하는 사람이 아닌 조언하고 위로가 되는 사람 말이지요. 이는 미래의 리더를 양성하는 의미도 있습니다. 제가 만나본 훌륭한 리더의 공통된 특징 중 하나는 실무자 시절, 좋은 팔로어였다는 것입니다. 아래에서 열심히 위를 보좌했던 사람이 위로 가게 되면 아래를 잘 챙기는 법입니다.

함께 보면 좋아요: 〈팀장으로 산다는 건〉 '우리 모두 프로가 됩시다' `49p`, '대화는 했지만 통한 건 아닐지도' `69p`

벽 앞에 멈춰선
팀장 리더십

'리더십'이라는 단일 항목에 대한 조사로는 전 세계에서 가장 큰 DDI
Development Dimension International의 'Global leadership forecast GLF 2021'에 흥미
로운 부문이 있었습니다. 여러 내용 중 '리더십 수준'과 관련한 두 가지 내

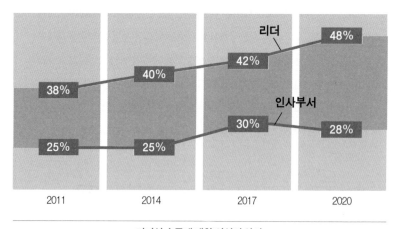

리더십 수준에 대한 인식의 상이

용을 말씀드리겠습니다.

첫 번째로 리더 자신은 본인의 리더십에 대해 비교적 후한 점수를 주는 추세가 이어지지만 인재 전문가인 HR 담당자들의 판단과는 점점 격차가 벌어지고 있다는 것입니다.

이는 코로나 팬데믹 상황 속에서 리더 본인은 더 열심히 일하고 있다는 데서 오는 자신감의 표현이라 생각됩니다. 다만, HR 입장에서는 오히려 리더십 대비 수준은 떨어지는 것이 아닐까 하는 우려가 담겨 있습니다.

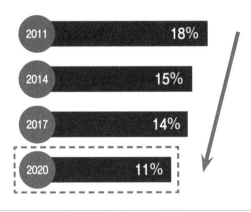

잠재적인 리더의 준비 수준은 늘 낮았다

두 번째로 잠재적인 리더의 준비 수준에 관한 것입니다.

2011년 18%가 준비되어 있다고 대답했지만, 2020년에는 11%만이 그렇다고 응답했습니다. 세상은 복잡해지고 경쟁은 치열해지는 데 핵심 인력(리더)의 수준은 상대적으로 하락하고 있다는 것입니다.

리더십 교육을 합니다만

기업들이 이런 상황을 모르고 있다고 생각하지는 않습니다. 실로 막대한 비용을 들여서 리더십 교육을 진행하고 있지요. 미국 기업에선 2015년 기준 약 190조 원 정도의 예산을 직원 교육에 쏟아붓고 있다고 합니다. 한국에서 기업 교육 전체 규모는 정확히 알 수 없으나 대기업과 중견기업에서 중요한 예산항목으로 취급하고 있습니다. 범위를 좁혀 '리더십 교육'으로 한정하여 생각할 때 그 효과성에 대해 의문을 표시하는 교육 담당자가 많았습니다.

"직무 교육과는 달리 리더십 교육은 효과성을 측정하기 어려울 뿐만 아니라 체감으로 느끼는 효과 정도 역시 크게 높지 않습니다."

"승진 교육과 맞물려 진행하곤 하는데, 직급 교육처럼 관행화되고 있습니다."

제가 만나본 교육 담당자 중에 자사의 리더십 교육이 뛰어나며, 효과가 높다고 자신하는 사람은 거의 없었습니다. 수강생의 낮은 만족도는 그들을 꽤나 골치 아프게 만들기까지 합니다. 언급된 바와 같이 리더십 교육은 직무 교육처럼 경성 기술Hard skill이 아니라 연성 기술Soft skill이란 점을 참작하더라도 투입되는 돈과 시간과 비교해 발전 속도가 매우 느리며, 오히려 퇴보하는 것 같이 느껴지는 이유가 무엇일까요?

싹이 안 나는 이유

현재 국내 기업의 리더십 교육은 대개 중간관리층(파트장, 그룹장, 셀장, 팀장 등)에 집중되어 있습니다. 물론 임원을 상대로 한 교육과 코칭 프로그램이 있긴 하지만 임원에게 교육 선택의 권한이 있고, 교육의 필요성을 느끼지 않거나 실적이 급해 시간을 내지 못하는 관계로 임원 대상 리더십 교육은 비교적 활성화돼 있지 못한 것이 현실입니다. 또한 리더십 교육이 경영진과 실무진 간에 진행 여부에 따라 분리된 경우가 많습니다. **실시된다고 해도 교육 내용이 통합적이고 일관되지 않은 점이 교육의 효과성을 떨어뜨리는 첫 번째 이유입니다.**

두 번째, 중간관리층의 교육이 대부분 임명 이후에 진행된다는 것입니다.

리더로서 합당한 사람을 임명했냐는 이슈는 차지하더라도 해당 직책을 맡기 전에 준비과정이 있어야 하는데 차수를 맞춘다는 계획 탓에 교육이

리더십 교육의 악순환 @김진영

후행하는 경향이 있습니다. 이는 대비 없이 경기에 나갔다가 전반전을 망치고 벤치로 돌아온 선수에게 그제야 어떻게 뛰라는 걸 알려주는 것과 다름 없습니다. 그들은 이미 작은 실패와 실수를 거듭하여 구성원에게 좋지 않은 인상을 남긴 후에 해답을 찾기 시작합니다.

영업 부서에서는 기존 고객을 유지하는 것이 신규 고객을 유치하는 것보다 훨씬 비용과 노력 차원에서 효율적이라고 얘기하며, 전자를 위해 최우선으로 매진할 것을 강조합니다. 팀원을 고객이라고 보면 그들 중 상당수는 팀장에게 등을 돌린 상황에서 이를 다시 회복해야 할 이중고를 경험하게 됩니다.

세 번째, 리더십 교육을 받은 후 중간관리자들은 큰 실망과 절망을 직면하게 된다는 것입니다.

최근 교육 프로그램의 기법은 강의, 롤플레잉, 워크숍, 코칭, 퍼실리테이션 등 다양한 방식으로 진행되고 있습니다. 최근에는 온라인 기법까지 가미되면서 형식은 크게 발전한 상황이지요. 수강생의 피드백을 들어 보면 교육을 통해 새로운 것은 많이 느끼고 배웠으며, 새로운 결심을 했다는 내용이 주를 이룹니다.

하지만 현업에 돌아가면 배운 것을 적용하기가 매우 어렵다는 것을 금세 알게 됩니다. 실상 중간관리자는 회사의 정책이나 제도를 결정할 수 있는 실권이 거의 없습니다. 실제로 팀장의 고충이나 고민을 들어 보면 절반 이상이 팀 내에서 유래한 문제가 아니라는 것을 알 수 있었습니다.

팀장의 실행이 막히면, 결국 팀 내의 작은 개선에만 그치게 됩니다. 이는 전사 리더십 수준의 정체로 이어지며, 경영진의 불만이 쌓여 교육의 축소를 낳게 됩니다. 이와 같은 악순환은 생각보다 많은 기업에서 반복되고 있습니다.

조직 차원의 리더십

리더십 교육은 층위를 나누지 말고 통합적으로 이뤄져야 합니다. CEO부터 중간관리자까지 내용의 구분은 하되, 일맥상통하는 리더십 체계를 전달할 필요가 있습니다. 이에 더해 사원급까지 확대하여 '팔로어십'에 대해서 교육이 이뤄져야 합니다. 이들을 그저 일하는 실무자라는 이유로 직무역량 교육만을 시키는 경우가 많은데, 리더십 교육을 통해서 상하 간의 소통을 증진하도록 촉진할 수 있습니다.

한 가지를 더하자면, 리더십 교육을 하는 '참 의미'를 되새겨 봤으면 합니다. 리더십을 발휘하기 위해서는 개인의 노력이 중요한 만큼 조직의 관심역시 중요하다고 봅니다. 교육 내용을 사전에 살펴서 교육 이수 이후 관리자들이 어떤 이슈를 직면할 것인지 고려해서 지원할 필요가 있습니다. 즉, 교육이 일회성으로 끝나서는 안 된다는 것입니다.

최근 '팀장 리더십' 책이 많이 나오고 있습니다. 팀장 입장에서 how-to를 제시하는 내용이 주를 이룹니다. 하지만 회사가 해야 할 일은 빠진 경우가 대부분입니다. 팀장만 잘하면 회사가 잘 돌아가고 성과를 내는 것인가라는 생각이 들 정도입니다.

좋은 씨앗을 힘들게 골라 파종했는데 싹이 나지 않는다면 무슨 소용이 있겠습니까? 관리자들이 신나서 리더십을 펼쳐 볼 수 있도록 좋은 여건을 제공하는 것은 우리가 '조직'을 이뤄서 '조직'으로 일하는 이유와 관련 있다고 생각합니다. 아울러 리더십 교육을 일회성 이벤트로 여기거나 일 년에 한두 번 하는 연중행사로 생각지는 않았으면 합니다. 리더십 교육을 실시하는 것은 회사의 리더십 체계를 점검하고 개선하겠다는 혁신 활동의 일환으로 재인식되길 희망합니다.

깨달음으로 이끄는 질문: 교육을 통해 전사적으로 리더십을 제대로 확산시키는 방법은 무엇입니까?

2021년 말경 한 중견기업에서 리더십 교육 기획을 의뢰받았습니다. '임원' 대상 교육, '팀장' 대상 교육 두 가지였습니다. 대표 이사와 합의한 사항은 세 가지입니다. 첫째, 임원 교육 때 대표가 참석할 것, 둘째, 팀장 교육 때 팀의 차석 팀원까지 참여할 것, 셋째, 임원 교육과 팀장 교육의 교수는 같은 사람으로 할 것입니다.

이렇게 합의한 이유는 임원 교육의 내용을 대표가 알아야 하며, 임원을 지원하겠다는 결심을 하라는 것이었습니다. 또한 미래의 팀장 후보군을 육성함과 동시에 현재의 팀장에게 긴장감을 불어넣기 위해서입니다.

아울러 리더십의 스펙트럼은 매우 넓습니다. 기업 대상 리더십을 강의하는 교수의 입장 역시 마찬가지입니다. 따라서 검증된 교수를 '동일하게' 적용하는 것이 필수적입니다. 리더십은 기업이라는 신체를 순환하는 혈액과 같습니다. 혈액 순환이 잘 안되거나 위아래를 흐르는 혈액에 차이가 나는 것은 중대한 병증입니다. 건강한 혈액이 사내 전체로 잘 돌게 하는 것이 좋은 리더십 확산의 지름길입니다.

함께 보면 좋아요: 〈팀장으로 산다는 건〉 '에필로그' `228p`

행복한 팀장을 위한
제언

〈팀장으로 산다는 건〉 출간 이후 여러 대기업, 중견기업, 중소기업에서 강의와 코칭을 진행하고 있습니다. 주로 팀장, 파트장 등의 중간관리자가 대상인데 공통으로 나오는 걱정과 우려 중 하나는 이것입니다.

"제가 아무래도 공석이 발생한 옆 팀으로 발령 날 것 같은데, 우리 팀원 중에서 아무도 팀장 하겠다는 사람이 없습니다." (대기업 영업팀장 A)

"회사에서 이번에 팀장 후보군을 선정하란 지시가 내려왔어요. 자리를 만들어서 팀원들에게 설명했습니다. 한 명도 나서는 사람이 없더군요. 팀장 하라는 게 아니라 후보군에 들어가는 것인데도 말이에요." (중견기업 물류팀장 B)

"사내 모 팀장이 퇴사 의사를 밝혀서 팀장 제안을 몇몇 직원들에게 했습니다. 그런데 다들 거절하네요. 책임지는 자리를 맡지 않은 상태에서 최대한 오래 근무하고 싶다고 합니다. 답답하네요." (중소기업 인사팀장 C)

최근 몇 년 전부터 이런 풍조가 널리 퍼지기 시작했습니다. 사회적 차원에서 '직장생활'이 갖는 의미가 달라진 영향이 우선 있다고 봅니다.

앞서 살펴본 바와 같이 저성장 시기가 도래했습니다. 이는 노동 소득 기대 수준을 떨어뜨리며 회사에 대해 갖는 직원의 인식에 변화를 초래했습니다. 생각해 보니 부모님 세대 때는 대부분 가정이 외벌이었고, 노동 소득을 기반으로 집을 장만하는 것이 어렵지 않았었네요.

승진을 꺼리는 팀원의 속마음

팀장이 되면 팀원 때와는 다른 차원의 일을 맡아야 합니다. 이제 말 하나, 행동 하나가 책임을 수반합니다. 임원에게 공식적으로 보고해야 하고, 팀원을 돌봐야 합니다. 이 같은 팀장의 임무는 큰 부담이 아닐 수 없지요. 아쉽게도 회사에서 정책적으로 팀장을 지원해 주는 부분은 많지 않습니다. 낙동강 오리알처럼 덜렁 고군분투하는 경우가 상당수입니다.

물론 일부 기업들은 '팀장수당', '법인카드', '인센티브 프로그램' 등의 금전성 혜택을 주기도 합니다. 다만, 그 금액이 연봉 대비 크지 않고, 얼마큼의 혜택을 줘야 만족할지를 생각해 본다면 돈으로만 동기를 일으키길 기대하기엔 부족함이 많습니다. 회사 입장에서는 팀장이 어떻게 하면 신나서 일할 수 있을지를 면밀히 살펴야 한다고 봅니다.

실제 팀장 승진에 대해 일선 현장에서 팀원의 생각을 들어봤습니다.

- 커뮤니케이션의 증가, 갈등 해결 등의 불편한 상황을 해결할 자신이 부족하다. 직무 역량과 다른 것 같아 겁이 난다.
- 회사는 실적 부진, 문제 발생 등의 책임을 일선 팀장에게 먼저 묻는다. 회의를 앞두고 긴장하는 모습이 안쓰러웠다.
- 지금 팀장이 무척 외로워 보인다. 내가 감당할 수 없을 것 같다.
- 승진 시 노조에서 탈퇴해야 해서 노조원의 혜택을 더 이상 못 받는다. 노조의 우산에서 벗어나는 느낌이다.
- 관리자로 승진할 경우 팀원일 때 받던 수당 등에서 제외되어 실제 급여 인상이 크지 않다.

이런 의중을 듣고 나니 '요즘 팀장은 정말 행복할 수가 없구나!'란 생각이 다시금 들었습니다. 그렇습니다. 팀원이 팀장 자리를 마다하는 것은 지금 팀장이 행복하지 않기 때문일 겁니다.

행복한 팀장을 위하여

많은 기업은 '경영이념'이나 '가치체계(미션-비전-가치-행동규범)' 등을 갖고 있습니다. 이는 회사가 요구하는 인재상과 맞물려 채용 응시자는 면접을 대비하여 달달 외워 가기도 하지요. 그런데 입사하고 나면 잊혀진 노래가 되고 맙니다. 비싼 표구 액자 안에서 벽을 장식하는 고상한 표어처럼 말입니다.

이런 상황에서 팀원의 손에 잡히는 비전은 무엇일까요? 저는 해당 팀원의 '지금 팀장'이라고 생각합니다. 이제 평생직장이란 단어조차 없어진 시대가 됐기에 선배가 말하는 '길게 멀리 보라'는 설득력이 떨어집니다. 그렇기에 바로 옆에 있는 팀장의 모습에 자신의 미래를 대비시켜 보는 것이죠. 지금 팀장을 행복하게 못한다면 승진을 거절하는 상황을 해소하긴 어려울 것입니다. 팀원의 비전은 회사가 아니라 팀장입니다. 회사는 이 점을 알아야 합니다.

그렇다면, 어떻게 팀장을 행복하게 할 수 있을까요? 일반적인 동기 부여를 말하는 것이 아닙니다. 그저 불행한 감정을 느끼면서 일하지 않도록 손에 잡히는 수단을 주자는 차원입니다.

첫째, 팀장의 인사 권한은 충분히 인정돼야 합니다.

어느 팀장께서 이런 말씀을 하셨습니다. 1차 평가자인 본인이 'C'를 준 팀원의 평가 결과가 최종에선 'A'가 돼 있었답니다. 2차 평가자인 임원이 두 단계나 올려 버린 겁니다.

이런 일이 벌어지면 그 팀원은 어떤 생각이 들까요? 팀장의 지시에 힘이 실릴 수 있을까요?

일반적인 환경에서 팀장보다 임원이 팀원을 잘 파악하고 있을 수 없습니다. 아니, 잘 파악하고 있다면 그게 더 이상한 일이겠지요. 1차 평가자인 팀장에게 가중치를 더 줘서 팀원들 앞에서 리더십이 서는 팀장을 만들어 줘야 합니다.

둘째, 팀장에게 재량권을 부여했으면 합니다.

현재 대부분의 팀장에겐 팀원을 감독해야 하는 의무만 있고, 그들을 이끌 수단이 부족합니다. '휴가 부여권'이나 '인센티브 분배권'을 주면 어떨까요? 가령 팀원이 열 명인 팀장에게 휴가 10개를 주는 겁니다. 성과급 배분 시 팀장에게 일부를 권한을 준다면 팀원들에게 주는 메시지가 분명해질 겁니다.

셋째, 팀장 제도 개편을 고려해 봅니다.

일반적으로 팀장으로 승진해 일했다 팀원이 되면 이를 '강등'으로 인식합니다. 직제 자체가 고정적이고 불변하기 때문입니다. 개방되고 유연한 사고가 요구되는 상황에서 새로운 시도가 이어졌으면 합니다. 예를 들어 '팀장 순환제' 같은 것입니다. 누구도 팀장을 마다하는 상황이라면 능력이 어느 정도 인정되는 팀원들 중에서 기간을 두고 번갈아 팀장을 맡는 것이죠. 이렇게 하면 개인적인 부담을 줄이면서 '팀장급' 팀원을 육성하는 장점도 있습니다.

넷째, 팀장 임명 후 최소 1년은 허니문 기간으로 인정해 줍니다.

상대평가를 근간으로 하는 기업들의 경우 팀장은 대부분 팀장 그룹으로 묶여 평가받습니다. 이제 신임된 팀장의 입장에선 아무래도 기존 팀장과 비교 당한다면 유리할 게 없겠지요. 좀 봐주는 기간을 설정해 준다면 초보 팀장의 연착륙에도 큰 도움이 될 것입니다.

이상 살펴본 네 가지 방안은 크게 돈을 들이지 않고 실행할 수 있는 사안들입니다. 애초 팀장이 행복하지 않은 것은 단순히 돈이 적다는 불평이 아닙니다. 리더로서 충실히 일하고 싶은데 손에는 아무것도 없는 상황이 아쉽다는 것이지요.

조직에 새바람을 불어 넣고 싶다면 지금 바로 '팀장'부터 행복하게 만들어 주십시오.

깨달음으로 이끄는 질문: 팀장 자리가 저에게 맞지 않는 것 같습니다. 어떻게 해야 할까요?

그간 많은 팀장님이 질문을 주셨습니다. 대략 2천여 개가 되는 것 같습니다. 대기업, 중소기업, 벤처기업 등의 조직 크기나 제조, 유통, IT 등의 업종의 차이는 있었지만, 팀장이라는 '자리'가 주는 고민은 비슷했지요. 현업 팀장으로 제가 생각했던 것들과 대부분 오버랩 됐습니다. 다만, 팀장이란 직책이 본인의 성격이나 취향과 어울리지 않는다는 질문 하나만은 예외였습니다.

이 질문의 진의는 단순히 일하기 싫다는 핑계나 책임에서 벗어나고 싶다는 불만이 아닙니다. 실제 본인 커리어 트랙과 관련이 있지요. 한국에서 리더 자리에 오른다는 것은 대부분 '제너럴리스트'가 되는 것을 의미합니다. 실무에서 거리를 두고 관리자가 된다는 것이지요. 하지만 팀원 시절 본인의 일을 좋아하는 사람들이 있습니다. 즉, 제너럴리스트 보다는 스페셜리스트에 적합한 이들입니다. 경험상 대략 20% 정도의 팀장은 이 이슈로 내적 갈등을 겪는 중입니다. 최근에는 연구개발 기업을 중심으로 전문가 조직을 별도로 구성하여 다른 트랙으로 선택권을 주기도 합니다. 조직 차원에서 고려와 제도 정비가 있길 기대합니다.

함께 보면 좋아요: 〈팀장으로 산다는 건〉 '에필로그' 228p

위로가 되는
영화 3선

괜찮아요, 미스터 브래드Brad's status

"기부해 달라고 구걸하는 것보다 제가 많이 벌어서 기부하는 편이 나을 것 같아요."

주인공 브래드(벤 스틸러 분)는 자신이 운영하는 비영리 조직의 직원 크레스의 갑작스러운 퇴사 의사를 듣게 됩니다. 이를 계기로 평생을 신념으로 일궈온 자기 삶에 대해 회의감이 일어나고, 타인과 비교하는 늪에 빠져들게 됩니다.

대학 시절 학업 성적이 우수했던 그는 집단의 리더 역할을 맡았지만 지금 그의 친구들은 유명 작가, 성공한 은퇴 사업가, 헤지펀드 대표 등으로 부와 명예를 가진 상태였습니다. 그의 찌질한 열등감은 원인을 아내에게 찾으려고 합니다. 현재의 삶에 자족하며 사는 긍정적인 마인드를 가진 아내가 자신의 높은 이상을 끌어내려 현실에 안주하게 만들었다고 말이죠.

어느 날 그는 아들의 대입 인터뷰를 위해 보스턴을 찾게 되고, 학교 측과 미팅 약속을 부탁하기 위해 잘난 친구들에게 연락하면서 친구들이 알코올 중독, 딸의 중병, 명성과 거리 있는 행동을 하는 상황임을 알게 됩니다. 우연히 아들의 친구를 만나게 되고, 신념보다는 부와 명예를 위해 살라고 조언하다 이런 말을 듣게 됩니다.

"브래드 씨는 착한 아내와 똑똑한 아들이 있는 미국 중산층인데 왜 상위 1% 계층과 비교하며 사는 거죠? 세계에는 하루 2달러가 없어 하루하루를 살기 버거운 사람들이 많잖아요?"

충격을 받고 호텔 방으로 돌아온 브래드는 아들과 대화를 이어 갑니다.

"가끔씩 걱정이 돼. 사람들이 날 패배자로 볼까 봐."(It's just sometimes I have doubts. I worry that people look at me - and think of me as a failure)

"오늘 같이 걸으면서 아빠가 기분 나쁘게 얘기를 해서 그런 생각을 했어. 이 학교에 입학하면 다들 기억할 텐데 어쩌나 하고 생각했지, 창피해서 어떻게 다니나 말이야."(When we were walking around today and you were embarrassing me - I kept thinking - if I go to this school, everyone here is going to remember this. I'll never be able to live this down)

"하지만 사람들은 기억 못할 거야. 다들 자기한테만 관심이 있잖아."(But they won't remember. They're just thinking about themselves, you know, nobody cares)

입사 후 예고 없이 영업을 맡게 됐습니다. 당황스러웠지만 그만큼 매출 실적이 좋지 않은 상황이라 그랬습니다. 하루 기름을 두 번 넣어 가며 전국의 고객을 설득했습니다. 면전에서 내 명함이 내동댕이쳐지는 수모를 겪으며 일 년에 100여 일을 출장 다니며 영업 기반을 마련했지요. 이제는 열매를 수확할까 했을 때 본사로 부름을 받게 됩니다. 전임 영업 담당자가 제 일을 받았고, 그해 최우수 사원상을 받게 됩니다. 당시 팀장님은 수여식 날 저에게 말했습니다.

"저 상은 원래 네 것이었는데…"

심각하게 의식하진 않았는데, 언제부턴가 경쟁자로 인식을 했던 것 같습니다. 본사의 전략기획 업무는 저에게 상당한 스트레스를 주고 있었기에 더 비교했습니다. 이런 생각은 재직 중 내내 계속됐습니다. 원치 않은 퇴사를 하고 나서, 비교가 더 이상 쓸모없게 된 상황이 되어 보니 제가 얼마나 어리석었는지 깨달았습니다. 동시에 다른 사람들에게도 역시 잘못된 감정이 있지는 않았는지 반성이 되더군요. 나는 그저 동료에게 열등감과 우월감을 동시에 느끼고 살았던 겁니다.

타인과 비교는 별 효능이 없습니다. 지금 잠시 앞서 있는 것 같아도 나를 늘 불안하게 하고, 뒤처질까 하는 조바심에 떨게 만듭니다. 또한 도움이 필요할 때는 무시당할까봐 망설이게 됩니다. 반대의 경우도 사람을 아래로 보는 경향성을 갖게 합니다. 결국, 오늘 비교해야 할 진짜 대상은 타인이 아니라 '어제의 나'뿐입니다.

아름다운 세상을 위하여 Pay it forward

모든 것이 흥정과 거래로 관계되는 요즘입니다. 딱한 사정으로 인정에 호소하는, 불쌍한 사람에게 계약서를 들이미는 장면을 쉽게 볼 수 있는 시절이지요. 그럼에도 간간이 들려오는 훈훈한 미담 소식에서 일말의 희망을 발견하곤 합니다.

미국 작은 도시에 중학교 사회 교사 유진 시모넷(케빈 스페이시 분)은 학생들에게 '세상을 좀 더 낫게 만드는 방법'을 숙제로 내줍니다. 주인공 트레버(할리 조엘 오스먼드 분)는 'Pay it forward(타인에게 대가 없이 베풀기)'를 고안해 내고, 실천에 옮깁니다. 사실 트레버 집안 사정은 불우한 상황인데요. 폭력을 쓰던 아빠는 가출했고, 힘겹게 가정을 꾸려가는 투잡 엄마(헬렌 헌트 분)는 알코올중독에 빠져 있었죠. 도움을 받아야 하는 주인공이 베풀기에 나서기로 했다니 참 대견하다는 생각이 들었습니다.

트레버는 굶주린 노숙자를 집으로 초대합니다. 목욕과 식사, 그리고 하루의 숙박을 제공하게 되고, 감사의 마음으로 고장 난 차를 고쳐 주고는 새 출발을 약속하며 떠납니다. 이 과정에서 엄마와 뜻밖의 조우가 있게 되고, 사정을 알게 된 엄마는 숙제를 내준 시모넷 선생에게 항의하기 위해 학교로 향합니다.

시모넷 선생은 어렸을 때의 상처로 인해 사람들과 관계를 닫고 사는 독신남이었죠. 처음에 이 둘은 다른 사고방식으로 다투지만, 차츰 서로를 이해하고 사랑하는 관계로 발전합니다. 또한 트레버는 엄마와 의절한 채 노숙하는 외할머니와 엄마를 이어주는 이벤트를 기획하고 성공합니다. 마지막으로 학교에서 폭력에 고통받는 친구를 돕다가 칼에 찔리게 되고, 안타깝게도 다시 일어나지 못합니다.

트레버가 죽은 후 그의 '타인에게 대가 없이 베풀기' 운동에 많은 사람이 공감하게 되고, 집 주위로 모여 들면서 영화는 끝을 맺습니다. 트레버가 생전 TV 인터뷰에서 한 말입니다.

"어려워요. 계획대로 되지 않아요. 그들을 잘 살펴보고 보호해야 해요. 스스로 못하니까요. 자전거를 고치는 것보다 훨씬 중요한 일이죠. 사람을 돌보는 일이 그래요."(It's hard. You can't plan it. You have to watch people more, you know. Sort of keep an eye on 'em to protect'em, because they can't always see what they need. It's like your big chance to fix something that's not like a bike. You can fix a person)

■ 팀장에게 위로를

팀장에서 실장으로 승진한 해였습니다. 두 팀을 감당해야 했는데, 팀장 중 한 명을 저보다 나이 많은 부장을 임명한다고 했습니다. 나이가 문제가 아니었죠. 사내에서 악명이 자자했던 사람이었습니다. 완전 꼰대에 자기밖에 모르는 유형이었습니다. 항의했지만 임명은 번복되지 않았습니다.

어떻게 할지 한참을 생각했습니다. 분명 그와 충돌이 예상됐습니다. 그 결과는 팀워크 붕괴가 될 것임이 불 보듯 뻔했습니다. 그래서 다른 길을 가기로 했습니다. 적대감을 드러내지 않고 '무조건' 존중해 주기로 한 것입니다. 혼자 내릴 수 있는 결정에도 그의 의견을 물었고, 혹여 그를 험담하는 사람 앞에서 그를 옹호했습니다. 프로젝트의 마지막 회식 자리에서 저에게 그 부장이 다가와 말했습니다.

"김 실장, 고맙습니다. 여러모로 배려해 준 점 감사히 생각합니다."

깜짝 놀랐습니다. 그런 말을 하던 사람이 아니었거든요. 어쩌면 자포자기에서 시작한 행동이었는데, 제가 한 일이라고는 인정해 주고, 경청했을 뿐입니다. 특별히 그에게 뭘 바랐던 것도 아니었습니다. 그는 팀장 역할을 조용히(?) 잘 수행해 줬고, 프로젝트를 무사히 마칠 수 있었습니다.

아메리칸 셰프 Chef

잘 나가는 셰프. 칼 캐스퍼(존 파브로 분)는 어느 날 음식 비평가에게 별 두 개의 최악의 평점을 받게 됩니다. 다른 메뉴로 복수하기 위해 비평가를 초대하는 와중에서 레스토랑 사장과 심한 갈등을 빚고 나가 버리고 말죠. 비평가에게 무례한 말을 퍼붓는 장면이 인터넷을 도배하게 되고 그는 아무도 불러 주지 않는 무일푼 처지로 전락합니다. 그를 위로하는 레스토랑 직원 몰리(스칼렛 요한슨 분)는 이렇게 위로합니다.

"시작하기 딱 좋을 때야."(I think that's a good place to start.)

그는 아들과 함께 처음 셰프가 됐던 마이애미로 향하고 고물 푸드트럭을 구해서 쿠바 샌드위치를 팔기 시작합니다. 예전에 함께 일했던 동료와 함께 진짜 자기 일을 시작한 것이죠.

그의 푸드트럭은 여러 주를 돌며, SNS로 고객을 모았고, 지역의 유명 메뉴 한 가지씩을 추가하면서 인기몰이를 합니다. 아들은 방학이 끝나고 다시 전 부인의 집으로 돌아가고 캐스퍼는 다시 혼자가 됩니다. 그는 아들과 푸드트럭을 하며 돌아다닌 동영상을 보게 되는데, 전화를 걸어 아들에게 주말마다 함께 하길 제안합니다. 거기에는 전 부인까지 참여하게 되고요.

가족의 힘이었을까요? 자신에게 혹독하게 비판하던 비평가는 새로운 사업을 제안하고, 몇 개월 후 새로운 레스토랑을 오픈하게 됩니다.

24년 직장 생활 동안 여러 번의 이직을 경험했습니다. 불행히도 자의보다 '타의'에 의한 경우가 더 많았습니다. 그중 한 번은 안정적인 공기업을 나와 벤처기업으로 옮기고 난 이후에 벌어졌습니다. 신바람 내며 출근했는데 불과 몇 개월 만에 회사가 문을 닫게 됐습니다. 정말 난처했습니다. 와이프는 그 회사로 이직을 원치 않았거든요. 저는 처음으로 자의적 이직이란 점을 말하며 설득했었지요. 당시 불었던 벤처 열풍도 한몫 했을 겁니다. 하지만 그런 꼴이 돼 버리고 말았습니다. 이직 후에 이사까지 했는데 말입니다.

너무나 감사하게도 와이프는 저를 나무라지 않았습니다. 그저 믿는다고만 했습니다. 잠시의 혼돈 상황이 있었지만, 힘을 내서 좋은 자리를 찾을 수 있었습니다. 그동안 아이들을 챙기면서 묵묵히 옆을 지켜준 와이프에게 사랑과 동지애를 느낄 수 있었습니다.

직장에서 친한 사람이 있었고, 존경하는 상사도 있었지만 결국 내 옆에서 끝까지 함께 해줄 수는 없습니다. 매일 옆에 있어서 얼마나 소중한지 잠시 잊고 지낸 가족에게 따뜻한 한 마디를 건네 보시면 어떨까요?

TIP

깨달음으로 이끄는 질문: 번아웃을 피하고 싶습니다. 힐링이 도움이 될까요?

기업 교육을 협의하다 보면 종종 '과정 기획'을 진행할 경우가 있습니다. 이런 경우 제 생각을 많이 녹여 낼 수 있기 때문에 선호하는 편입니다. 최근 들어 리더십 교육에 '채움'보다는 '비움'을 원하는 요구가 많아지고 있습니다. 휴식과 위로라고 할까요? 숲을 걷고, 명상하고, 다도를 익히는 프로그램을 운용하는 식으로 말이죠.

이런 활동은 기분 전환과 심기일전에는 도움을 줍니다. 다만, '일회용 반창고' 같은 생각이 들어 안타깝습니다. 번아웃이 올 정도라면 힐링은 장기적인 치유가 될 수 없는 상황이라고 봅니다. 불합리한 정책과 제도, 그리고 직원을 괴롭히는 상사에 대한 대책이 선행돼야 하겠지요. 상처를 도려내고 소독하는 아픔이 동반하는 불편한 진실을 마주하기 싫어 반창고를 찾는 것은 아닌지 생각해 봐야 합니다. 역설적으로 좋은 직장이란 힐링이 필요 없어야 하지 않을까요?

함께 보면 좋아요: 〈팀장으로 산다는 건〉 '위로가 되는 영화 4선' `220p`

오늘은 회사 밖에서 알고 지내던 팀장 다섯 명이 회합하는 날입니다. 스터디 모임을 함께 하는 멤버들이죠. 대략적인 프로필은 다음과 같습니다. 최근 들어 배 팀장과 차 팀장이 신규로 들어왔습니다.

- **신 팀장** 대기업 A사 광고팀장, 경력 22년 차, 모임의 좌장 격

- **구 팀장** 중견기업 B사 영업팀장, 경력 15년 차

- **장 팀장** 벤처기업 E사 개발팀장, 경력 9년 차

- **배 팀장** 대기업 C사 인사팀장, 경력 15년 차 (팀장 2년 차)

- **차 팀장** 중견기업 D사 물류팀장, 경력 13년 차 (팀장 1년 차)

질풍노도, 팀장의 시작

신 오늘은 차 차장님, 아니지! 차 팀장님이 승진하셨다고 해서 모인 축하 자리입니다. 다시 한번 축하드립니다.

모두 축하드립니다! 축하합니다!

차 감사합니다. 감사합니다. 그런데… 승진이 축하받을 일인지는 잘 모

르겠습니다.

구 아니 그게 무슨 말씀이세요?

차 팀장은 대답 없이 낯빛이 이내 어두워집니다.

배 뭣 때문에 차 팀장님이 그러시는지 제가 알 것 같습니다. 팀장 되시
고 나서 막막해서 그러신 게 아닌가요?

차 네, 요즘처럼 자존감이 떨어진 적이 없었습니다.

장 차 팀장님 일 잘하는 건 우리가 다 아는 사실인데요. 어… 그 뭡니까,
우수 사원상을 여러 번 받으셨잖아요!

차 그래서 더 크게 실망하게 된 것 같습니다. 요즘은 정말 끝없이 추락
하는 기분이 든다니까요. 매일 아침 회사 출근이 겁납니다.

구 자자, 안주가 새로 왔으니 한 잔씩 합시다.

다들 쓴 소주잔을 한 번에 털어 넣습니다. 의기소침한 차 팀장의 양쪽 볼
우물이 애처롭게 보입니다.

신 팀장 되고 나서 다들 크고 작은 홍역을 앓지 않았나요? 오늘은 차 팀
장님 고민을 들어 보고 여러 팀장님께서 좋은 말씀 해주시면 좋을 것
같아요.

배 그러시죠. 저도 작년에 팀장 되고 나서 정말 힘들었습니다. 제가 말
씀을 안 드려서 그렇지, 그때 생각하면 지금도 창피해서 얼굴이 달아

오릅니다. 그러니 차 팀장님, 편하게 말해 보세요.

차 고맙습니다. 몇 달 동안 어디 가서 말 한 마디 못했는데, 이렇게 선배 팀장님들이 계시니 편하게 털어놓을 수 있을 것 같습니다.

신 팀장 되신 지가 정확히 얼마나 됐죠?

차 석 달이 되갑니다.

장 원래 있었던 팀에서 내부 승진하신 거 맞지요?

차 네, 그렇지요.

장 그런데도 그렇게 어려움에…

차 후유~ 그러게요.

신 우리도 겪어 봤지만, 익숙한 업무, 익숙한 사람이라고 리더 자리가 쉬운 건 아니잖아요. 분명한 건 직원과 리더는 다르다는 거지요. 차 팀장님, 혹시 승진 전에 리더십 교육을 받은 적이 있었었나요?

차 몇 년 전까지는 있었다고 하던데, 저는 못 받았어요. 그냥 본부장님하고 잠시 면담하는 거로 갈음했죠.

신 본부장님은 뭐라셨어요?

차 이제는 팀원 개인이 아니라 팀 전체의 실적을 생각하라고 하셨죠. 올해 달성해야 하는 일 얘기가 대부분이었습니다.

신 아이고… 그건 미지의 정글 탐험을 지도 없이 출발하는 것과 다름없었을 텐데요.

구 사전에 교육이 없었단 거는 좀 충격적인데요?

차 회사 교육은 대부분 직무 역량 쪽에 집중돼 있어요.

배 이해가 되는 측면이 있습니다. 리더십이란 게 교육에 따른 효과가 눈에 보이게 나타나는 것이 아니라서요. 인사부서의 고민거리 중 하나이기도 해요.

차 제가 인생에 별다른 큰 굴곡 없이 지내왔거든요. 중2병 없이 사춘기 시절을 보냈고요. 그런데 요새가 더 괴롭습니다. 지금 팀원하고 관계나 상사하고 관계도 문제인데, 제일 괴로운 건 저 자신의 문제 같습니다.

자신감이 너무 넘쳤던 것 같습니다. 12년 동안 거의 매년 우수 등급을 받았어요. 사실 물류 부서는 크게 빛을 발하기 어려운 특성이 있거든요. 다른 부서한테 욕만 안 먹으면 다행이라는 분위기에요. 그래서 부서원들 대부분 보수적이고 방어적이고 그래요. 여기저기서 공격받기 쉬우니까요. 다만, 그렇게 해서는 제 커리어 상 도움이 될 것 같지 않더군요. 전사적인 물류 혁신 방안을 따로 기획했던 이유였습니다. 지난 3년 동안 생산성 향상과 비용 절감에 큰 성공을 거뒀고, 덕분에 올해 팀장이 됐었죠. 입사 동기 중에서 제일 빨랐습니다.

구 음… 어제의 성공 기억이 오늘 발목을 잡는 것 같네요.

차 맞습니다. 저는 그냥 어제까지 했던 대로 열심히 하자는 관성을 갖고 있었나 봅니다. 이제는 완전히 다른 일을 하게 됐는데, 저는 그냥 과거에 안주했던 거죠. 내일로 치고 나가야 하는데 완전히 퍼져 있는 꼴입니다.

좌중이 조용해진다. 다들 처음 팀장이 됐을 때를 상기하는 듯 아무도 선뜻 말을 꺼내지 못합니다. 신 팀장이 호탕하게 웃으면 정적을 깹니다.

신 하하하. 축하합니다, 차 팀장님! 축하해요!

차 네? 무, 무슨 말씀이신지…

신 이제 차 팀장님의 진짜 리더십 여정이 시작됐습니다. 나쁘지 않은 시작이라고 봐요. 축하주 한 잔 채우세요.

다들 어리둥절한 상황에서 신 팀장이 내민 잔에 짠을 한다.

신 리더가 될 사람에게 리더의 할 일을 정확히 얘기해 주지 않는 건 아주 심각한 문제죠. 그런데 그 얘기와는 별개로 말이에요, 원래 리더십이란 놈은 꼭 불편함을 동반한다는 겁니다.

차 어… 신 팀장님, 무슨 말씀인지 잘 모르겠어요.

신 혹시 아는 분 중에 리더가 됐지만 별 고민 없이 하던 대로 일하는 사람 없나요?

구 아휴~ 여럿 봤습니다. 팀장인 건지, 팀원인 건지 구별 안 되는 사람들이었죠.

배 제가 모시는 임원분도 과거 팀장 때랑 크게 다르지 않던데요?

신 맞아요. 자리는 직책에 앉아 있는데 팀원처럼, 팀장처럼 일하는 거죠. 직책은 맡은 일에 대한 책임의 정도를 나타냅니다. 공식적으로 처음 책임을 부여받을 때가 팀장이에요. 물론 팀원이었던 때도 책임은 있었어요. 본인이 하는 일에 한정된 책임이었죠. 팀장은 이제 남이 하는 일에 대해서 책임을 져야 하는 사람이 된 거죠.

차 음… 그 책임감은 통감하고 있습니다. 그것 때문에 제가 이렇게 힘든

거겠죠?

신 별생각 없이 예전과 다름없는 사람을 떠올려보면 말이에요, 책임감을 느끼는 건 아주 좋은 시작이에요. 차 팀장님한테 축하한다고 한 건 이 때문이에요. 다만, 리더로서 성장을 생각하는 마음이 반드시 함께 해야 해요.

장 그러고 보니 예전에 신 팀장님이 저에게 해 주신 말씀이 생각납니다. 그게 '근육'이 생기는 원리였죠, 아마?

신 그래요. 우리가 운동을 열심히 하면 욱신욱신 아프잖아요. 유산소 운동보다 근력 운동할 때가 더 그렇죠. 실상은 근육의 섬유 조직이 파괴돼서 그렇다고 해요. 그걸 복구하는 과정에서 새로운 섬유 조직이 더해지면서 근육이 늘어난다고 하더라고요. 리더십도 마찬가지라고 봅니다. 과거 영광의 기억과는 결별하고 새로운 영광의 기억을 만들어가야 합니다. 당연히 고통이 동반합니다. 그런 측면에서 차 팀장님은 나쁘지 않은 출발을 하고 있다고 생각돼요.

차 아… 말씀을 들으니… 좀 위로가 되네요.

구 그냥 맘 편해지라고 하는 말이 아니에요. 우리가 다 경험자니까 말이죠.

장 한동안 그 불편함이 계속될 겁니다. 힘드시겠지만 조금씩 발전하고 있다는 반증이기도 해요.

차 네, 오히려 마음이 편해집니다. 감사합니다.

배 차 팀장님, 힘 내세요.

구 이참에 한 잔들 하시죠.

강대강强對强 충돌

차 말이 나온 김에 고민 하나 더 말씀드려도 될까요?

구 그래요, 고민이 하나둘이 아닐 거에요.

차 본부장님하고 관계가 이상합니다. 제가 보고를 드리면 매번 뭐라고 하세요. 답답해서 죽을 지경입니다.

신 상사의 유형이 여러 가지니까요. 어떤 스타일이에요?

차 음… 굉장히 스마트하세요. 물류 업계에서 유명하신 분이에요. 배울 게 많죠.

장 배울 게 많은 상사 모시고 있다니 부럽습니다. 우리 사장님은 그냥 두 살 차이 나는 학교 선배라서 뭘 배우는 건 남의 나라 얘기죠. 쩝…

신 장 팀장님처럼 스타트업 다니시는 분은 사실 리더 본인이 사장이고, 실무자고 그렇죠. 우리 모두 힘껏 응원하는 거 알고 계시죠?

장 알죠, 알죠. 지난번에 신 팀장님께서 회사 오셔서 짧은 강의해 주셔서 큰 도움이 됐습니다. 아아, 차 팀장님 말씀 계속하세요. 존경할 만한 상사랑 왜요?

차 제가 너무 답정너처럼 얘기한대요. 다른 사람한테는 제가 벽처럼 느껴진다고 하셨데요.

배 아니 어떻게 하셨는데…

차 저는 매사 확실하게 주장을 말하는 편이에요. 보고의 결말에는 항상 '이렇게 하겠습니다'라고 하죠. 보고를 하는 사람은 자기 의견이 있어야 한다고 생각해서요.

신 저 같으면 차 팀장님이 너~무 예뻐 보일 것 같은데… 우리 팀원들은 맨날 저보고 결정하라고 미루거든요. 흐흐.

차 매번 보고가 지옥 같이 느껴집니다. 같이 배석하는 팀원들 보기도 민망하고요.

신 흠… 제가 봤을 때는 두 분 성격이 굉장히 비슷한 것 같은데요. 맞지요?

차 네! 맞아요! 팀원이었을 때는 저의 워너비셨는데 말이죠. 좋은 방법이 없을까요?

신 생각보다 흔한 케이스에요. 이름하여 '강대강' 전선.

차 강대강이요?

신 상사와 팀장 모두 자기 주도적 성향이 강하면 그럴 수 있어요. 자기 주장이 강하니까 팀장은 이게 맞는다고 주장하는 거고요, 상사는 자기 의견이 파고들 틈이 없으니까 기분이 상한 겁니다. 제 말이 맞나요?

차 어… 잠시만요.

배 예전 팀장님하고 그런 상황을 여러 번 겪었습니다. 처음에 제 의견이 잘못됐나 싶었는데, 그건 아닌 것 같아서 어느 순간부터 그냥 팀장님 의견에 따랐더니 그 문제는 없어졌습니다.

차 그러고 보니 본부장님이 답답해하신 건 그 점 같습니다. 제가 너무 밀어붙였나 봐요.

신 자기애가 강한 사람의 특징 중 하나가 뭘 꼭 자기 손으로 직접 하려고 든다는 겁니다. 그래야 자기 만족감이 올라가요. 아, 조금 유식한 말로 '자기 효능감'이라고 해요. 그럴 경우는 결론을 몇 가지 안으로 만

232

들어서 상사가 선택할 수 있게 해주는 게 좋습니다. 그럼 본인 의견이 들어가서 결정에 참여한 것이니까요.

차 아! 그렇겠네요. 다음 보고 때는 꼭 그렇게 해보겠습니다.

구 보고는 그렇다 치고, 차 팀장님… 상사분하고 사이가 별로 아니에요?

차 그렇죠. 상당히 서먹서먹합니다. 요즘은 공식적인 일로만 대면하는 것 같아요. 사적인 교류는 거의 없습니다.

신 상사도 사람이거든요. 사람은 인정을 원해요. 차 팀장님은 본부장님을 '인정'하세요?

차 음… 전문성은 인정하지만 그렇지 않았던 것 같아요.

신 상사를 관리하는 기술을 얘기하는 건 아니에요. 세상에 정말 나쁜 상사가 많잖아요. 그런 사람들에 비하면 차 팀장님 본부장님은 아주 양반이에요. 인정할 만한 부분이 있는 분이신 것 같은데, 안 그런가요?

차 네, 그건 그렇죠.

신 그렇다면 본부장님을 마음속에서 인정하는 것부터 시작하세요. 종종 찾아가서 가르쳐 달라고 해보세요. 그럼 좋아질 거에요.

구 우와~ 그거 좋은 방법이네요.

차 앞으로는 신 팀장님 말씀대로 해보겠습니다. 감사해요. 그런 의미로 여긴 제가 사겠습니다.

배 오오, 알겠습니다. 비싼 안주시켜도 되죠? 여기 메뉴판 좀 갖다 주세요!

분위기가 슬슬 고조되면서 한 순배 돕니다.

팀장을 돕는 인사 제도 개편

차 우리 회사는 대기업은 아니라서 리더에 대한 정책이나 제도가 그렇게 많지 않은데요. 배 팀장님은 유명한 회사에 인사팀장님이시니까 뭔가 다를 것 같아요.

배 사실 최근 들어 인사 제도를 대폭으로 개편 중이에요.

차 아! 맞아요! 기사에서 본 것 같은데, 도움될 만한 정보 좀 알려 주시면 안 되나요?

신 진짜 궁금합니다. 배 팀장님 회사는 업계 선도 기업이니까 다들 주목하고 있을 텐데요. 부탁합니다.

배 그럼 팀장님들께 도움이 될 만한 것만 제한적으로 몇 개만 말씀드릴게요.

장 근데 그 회사는 지금껏 잘해 온 거 아니었나요? 크게 보완할 게 있었나 보죠?

배 회사 얘기라 좀 그렇긴 한데… 저희도 이랬다저랬다 온탕 냉탕 자주 왔다 갔다 했거든요. 호칭만 하더라도 대리, 과장, 부장 이렇게 불렀다 매니저로 통합했다가 몇 번 바뀐 전력이 있습니다. 내부에서 논란이 많았죠.

신 인사 부서만큼 욕 많이 먹으면서 어렵게 일하는 부서도 흔치 않죠. 달리 '인사는 만사'라고 하겠습니까?

배 그렇습니다. 신 팀장님이 잘 알아주시네요. 제일 큰 것은 상대 평가를 절대 평가로 전환하는 것입니다.

구 오~ 절대 평가가 트렌드 같던데, 그렇게 가는 거군요.

신 글쎄요. 절대 평가가 완벽한 정답은 아닐 텐데요. 어떤 생각에서 전환을 결정했나요?

배 상대 평가가 사람을 등급으로 구분하는 시스템이니까요, 부서 간 협업 분위기를 해치는 문제가 있었고, 낮은 등급 받은 직원을 낙인 찍는 부작용도 있었어요.

신 절대 평가가 이상은 좋은데 기준에 대해서 정의하기가 만만치 않았을 텐데요.

배 맞습니다. 그래서 1년 준비기간을 갖기로 했습니다.

차 절대 평가로 가면 고성과자는 불리해지는 거 아닌가요? 우열을 가리지 않는다면 말이에요.

배 그런 부분을 감안해서 15%는 최상위로 분류하기로 했습니다.

차 그러면 보완이 되겠네요. 다른 건요?

배 네, 상호 리뷰를 도입하기로 했습니다.

신 혹시, 다면 평가는 아니겠죠?

배 네, 평가 점수에 넣는 방식이 아니라 순수한 리뷰입니다. 상급자의 평가를 보완하는 수준으로만 진행할 예정입니다.

신 다면 평가 제도가 취지는 좋은데, 많은 조직에서 '인기 투표'처럼 변질한 감이 없잖아요. 어떤 기관 얘기를 들었는데, 다면 평가 시즌이 돌아오면 팀장들의 법카 내역에 팀원 커피 사주는 금액이 올라간다고 하더라고요. 허허허. 제한적으로 적용하는 게 바람직하다고 봅니다.

배 네, 그런 부작용이 있다고 파악했습니다. 혹시 몰라 올해 시범적으로 도입하고 결과를 보고 보완하려고 해요.

구 팀장은 팀원이 하는 리뷰가 신경은 쓰일 테지만 팀장 위에도 임원이 있으니까요. 으흐흐. 흥미진진합니다.

배 인사 평가를 분기마다 실시하기로 했습니다. 당연히 결과 피드백도 분기마다 진행하고요.

신 와~ 진짜 팀장을 위한 제도 개편이네요!

차 네? 팀장이 할 일이 더 많아진 거 아닌가요?

신 아직 차 팀장님이 성과 평가 피드백을 안 해봐서 그래요. 생각 안 나는 1년 치 기억을 소환해서 평가하는 게 만만치 않아요. 분기별로 하면 평가의 정확도가 올라가고, 피드백 받는 팀원 입장에선 만회할 기회가 되니까 좋은 거죠.

구 그래도 일이 많아지는 건 맞는 것 같은데요.

신 음… 그렇게 들릴 수 있어요. 그런데 리더의 일 중에 사람을 관리하는 게 최우선순위 아닌가요? 다만, 실적에 하도 쫓기다 보니까 뒷전으로 미뤄뒀던 거죠. 배 팀장님, 혹시 분기 평가 시즌에 팀장이나 임원에 대한 회사 차원의 배려는 없나요?

배 예리하십니다. 분기 다음 달 첫 번째, 두 번째 주간은 정기회의체를 운영하지 않기로 했어요. 전사나 사업부 행사도 가급적 하지 않기로 하고요. 그러면 평가자의 시간을 확보해줄 수 있겠죠.

신 조직이 나서 주니 팀장님들 힘이 좀 나겠습니다. 그런 의미에서 한잔 하시죠.

모두 위하여~

다할 수 없고, 해서도 안 된다

구 인사 제도가 나와서 말씀인데, 후유~ 부담이 하나 늘었습니다.

신 네? 어떤 제도가 생겼는데요?

구 코칭 프로그램이 생겼습니다. 저 다음 주에 교육 들어가요. 다음 달부터는 팀원 코칭하고 리포트 내야 합니다.

차 요즘 훌륭한 팀장은 좋은 코치라는 말이 있던 데요. 좋은 거 아닌가요?

구 아휴, 말도 마세요. 업무가 하나 더 늘어난 셈이에요. 지금도 내 업무 처내기도 힘든데 말이에요.

신 음… 우리나라 기업은 경영을 유행처럼 생각하는 경향이 있어요. 요새 코칭이 그래요. 리더한테 큰 부담을 주고 있죠. 그런데 코칭을 팀원 전체에 다 할 수도 없고, 다 해서는 안 된다고 봐요.

장 저는 벤처 다니니까 아예 그런 거 신경 쓸 겨를이 없어서 부러웠는데, 안 그래도 되는 건가요?

신 코칭은 잘하는 사람을 좀 더 잘 하게 만드는 기법이에요. 적어도 가능성은 있어야겠죠. 그렇지 않은 사람에게 코칭이란 기법이 효과적이지 않아요. 시간과 노력이 많이 들거든요. 회사에선 일하라고만 하지 덜어줄 생각이 없는 것 같아요. 이러니 팀장이 힘들어지는 거죠.

배 저도 신 팀장님 생각에 동의해요. 우리 회사는 코칭 말고 피드백하라고 권장하고 있어요.

신 좋은 생각이네요. 피드백하면서도 코칭의 기술을 갖다 쓸 수 있거든요.

차 저는 그냥 코칭~ 하면 다 좋은 건 줄 알았는데요. 현실을 모르고 한 생각이었나 봐요.

배 다들 아시겠지만, 요즘은 노는 팀장은 없잖아요. 그동안 엄청나게 쪼아 왔는데, 더 이상 쥐어짤 부분이 남았을까 싶어요.

신 그렇죠. 100% 동의합니다. 이제는 더 하려고 말고, 덜 할 생각을 해야 하는데 회사는 그렇게 하길 원하지 않는 것 같아요.

구 신 팀장님, 시간은 없는데, 일을 많아지고⋯ 어떻게 해야 할까요?

신 사실 저도 매일 분투 중이에요. 팀장 생활 5년 만에 혼자 터득한 건 결국 팀원들하고 소통하는 수밖에 없다는 거에요. 머리를 모아서 어려운 과제를 풀어야 해요. 그런 게 제일 시간을 많이 잡아먹잖아요. 진에는 일을 제일 잘 아는 게 저라고 생각했지만, 점점 답을 모르는 이슈가 많아지고 있어요. 단순히 일상적인 업무만 효율화해선 시간이 부족하다는 걸 느껴요.

배 인사 제도 개편을 진행하면서 새삼 리더십의 변화를 느끼게 됐어요. 선배한테 들었던 옛날 상사님들은 카리스마가 작렬했다고 하던데요. 실상은 그렇지도 않았던 거 같아요. 요즘처럼 세상이 빠르게 변하지도 않았고, 인터넷이 없던 시절이라 정보는 죄다 갖고 있었잖아요.

장 맞아요. IT 쪽에 '애자일' 방법론이 있잖아요. 옛날엔 시스템 개발할 때도 최종 이미지를 사전에 딱 만들어 놓으면 그대로 갔거든요. 지금은 환경이 자주 바뀌고, 고객 니즈도 변화무쌍하니까 최종안이 아예 없어요. 계속 바뀌죠. 이런 것도 신 팀장님이 말씀하시는 거랑 관련이 있겠죠?

신 그렇습니다. 정말 재미있기도 무섭기도 한 세상입니다. 그래도 우리
는 이렇게 터놓고 얘기할 사람들이 있으니 얼마나 좋습니까? 안 그래
요?

모두 그렇습니다. 그렇죠!

신 그런 의미에서 우리 건배할까요? 고군분투하는 팀장의 내일을 위하
여!

모두 위하여!

팀장으로
산다는 건 2

초판 1쇄 발행 2022년 7월 04일
초판 3쇄 발행 2024년 8월 20일

지은이 김진영
펴낸이 최익성

기획 이유림, 김민숙
책임편집 권정현

마케팅 임동건, 임주성
마케팅 지원 안보라
경영지원 임정혁, 이순미
펴낸곳 플랜비디자인
디자인 빅웨이브

출판등록 제 2016-000001호
주소 경기도 화성시 첨단산업1로 27 동탄IX타워 A동 3210호
전화 031-8050-0508
팩스 02-2179-8994
이메일 planbdesigncompany@gmail.com

ISBN 979-11-6832-027-7 (03320)